Estar con quien va a morir

Un enfoque práctico para servir a los
demás en la enfermedad y la muerte
por Sarayu Johnson

Mata Amritanandamayi Center, San Ramon
California, Estados Unidos

Estar con quien va a morir
por Sarayu Johnson
Un enfoque práctico para servir a los demás en la enfermedad y la muerte

Publicado por
  Mata Amritanandamayi Center
  P.O. Box 613
  San Ramon, CA 94583
  Estados Unidos

––––––––– *Being with Dying (Spanish)* –––––––––

Primera edición por MA Center: septiembre de 2016

En España: www.amma-spain.org

En la India:
  inform@amritapuri.org
  www.amritapuri.org

Este libro se ofrece a los Pies de Loto
de nuestra amadísima Amma,
la que está más allá de la vida y la muerte.

Om mṛtyu-mathanyai namaḥ
Saludos a la Madre Divina
que destruye la muerte.

Índice

Sri Mata Amritanandamayi

Con sus actos extraordinarios de amor y sacrificio, *Sri Mata Amritanandamayi* o "Amma" (Madre), como se la conoce más comúnmente, se ha ganado el cariño de millones de personas de todo el mundo. Acariciando con ternura a todos los que acuden a Ella, acercándolos a su corazón en un cariñoso abrazo, Amma comparte su amor sin límites con todos, independientemente de sus creencias, de su estatus o de por qué hayan acudido a Ella. De esa manera sencilla, pero poderosa, Amma está transformando la vida de innumerables personas, ayudando a que sus corazones florezcan abrazo a abrazo. En los últimos treinta y ocho años, Amma ha abrazado físicamente a más de veintinueve millones de personas de todos los rincones del mundo.

El incansable espíritu de dedicación de Amma para elevar a los demás ha inspirado una inmensa red de actividades benéficas mediante las cuales muchas personas están descubriendo el sentido profundo de paz y satisfacción interior que se produce al servir desinteresadamente a los demás. Amma enseña que lo divino existe en todo, en lo sensible y en lo no sensible. Comprender esa verdad es la esencia de la espiritualidad, la forma de terminar con todo sufrimiento.

Las enseñanzas de Amma son universales. Siempre que se Le pregunta por su religión, responde que su religión es el amor. No pide a nadie que crea en Dios ni que cambie de fe, sino solo que indague sobre su verdadera naturaleza y que crea en sí mismo.

Prólogo

Cuando me enteré de que Sarayu había escrito un librito sobre cómo relacionarse con personas que se están muriendo, me interesó mucho leerlo y saber más sobre el tema. Yo pensaba que personas como yo, que no nos hemos expuesto mucho en primera persona a la muerte ni a los que están muriendo, éramos afortunadas. Hasta que empecé a ver lo valioso que muchísimas personas consideran el tiempo que han pasado con los que están en las etapas finales de la vida. El tiempo que se pasa con un moribundo no tiene por qué estar lleno de miedo y angustia, como podríamos imaginar, sino que de hecho puede ser una experiencia increíblemente bella y profunda que nos ayude a crecer como seres humanos.

Como nunca he estado con alguien en la etapa final de su vida, pensaba que no sabría qué hacer o qué decir si de repente me encontrara en esa delicada situación. ¡Qué alivio descubrir que en realidad no hay nada que hacer o decir! Basta con "estar" con ellos. De ahí el título del libro: "Estar con quien va a morir".

"Estar con quien va a morir" no se refiere solo a estar en presencia de una persona que se está muriendo. Se refiere a "estar" con el fenómeno de la muerte en su totalidad. Y, en último término, significa estar en paz con la mortalidad, tanto la nuestra como la de nuestros seres queridos. La naturaleza de la vida es el cambio. Lo que nace debe morir algún día. Sin embargo, la oruga no entra en el capullo para perecer, sino para deshacerse de su esclavitud y surgir como una bella mariposa. Del mismo modo, salgamos mediante la comprensión espiritual del capullo de nuestro miedo e ideas equivocadas sobre la muerte y los que se mueren y aprendamos a confiar en el ciclo evolutivo de la vida.

Cuando Amma consuela a personas que están enfermas o que están de luto por la pérdida de un ser querido, no intenta darles ninguna enseñanza espiritual. Normalmente los tiene abrazados y, mientras les enjuga las lágrimas, y se enjuga las suyas propias, les dice que no lloren. Cuando lo veía me preguntaba: "¿Por qué Amma no les dice nada más?" Sin embargo, he llegado a entender que en esos momentos los consejos no ayudan. Al contrario, Amma se permite simplemente estar con ellos, volverse una con ellos. Y, al compartir su dolor de esa forma, lo transmuta con su conciencia y su amor.

Al abrazar cada momento presente en toda su plenitud, Amma nos enseña a afrontar la maravilla de lo desconocido y el misterio de nuestra propia mortalidad con valentía y con fe. Espero que los que lean este encantador libro se empapen de su esencia y, así, encuentren y compartan la paz.

— *Swamini Krishnamrita Prana*
Amritapuri Ashram

Introducción

"Hijos, aunque no estemos en situación de ayudar a los demás materialmente, podemos al menos ofrecerles una sonrisa afectuosa o una palabra bondadosa. No nos cuesta nada. Lo que hace falta es un corazón compasivo: es el primer paso de la vida espiritual. A los que son bondadosos y afectuosos con los demás no les hace falta andar buscando a Dios, porque Dios irá corriendo al corazón que lata con compasión. Un corazón así es el lugar favorito de Dios para residir".

—Amma

Mi padre murió de cáncer cuando yo tenía veintiséis años. Cuando se lo diagnosticaron, yo llevaba tres años viviendo en *Amritapuri*. Todavía recuerdo el momento en el que recibí esa llamada surrealista en la que me explicaba que los médicos le habían encontrado dos tumores en los pulmones. En un estado confuso y de conmoción fui a ver a Amma. Me dijo que fuera a estar con él inmediatamente. De repente, me encontré siendo su cuidadora principal durante sus últimos seis meses de vida. Cuando murió tenía cincuenta años.

Siempre habíamos tenido una buena relación; pero la conexión que se creó en esas circunstancias fue profunda y sagrada. El amor que siempre había existido entre nosotros se expresaba ahora abiertamente. Esa experiencia me impresionó muy profundamente. El recuerdo de ese tiempo que pasé con mi padre es una joya preciosa que llevo en el corazón.

De lo que no me di cuenta entonces es de que, con la simple instrucción de que fuera a estar con él, Amma estaba plantando una semilla. Una semilla que más tarde fue mi inspiración para hacerme capellana. Trabajé de capellana en Estados Unidos entre 2003 y 2005. En esa época tuve la oportunidad de estar con personas que padecían muchas enfermedades distintas.

En esos dos años, llegué a mi límite de distintas maneras. Tuve que apoyarme firmemente en mi fe para aceptar, darle sentido o "soportar" la cantidad de sufrimiento que estaba presenciando. Esa experiencia me cambió para siempre.

Trabajé con personas que carecían de muchas de las cosas que damos por supuestas en la vida. Algunos sufrían sin tener ningún recurso: sin el cariño de amigos o familiares que los visitaran, sin una fuerte fe en la que apoyarse, sin un abogado que les ayudara a navegar por el sistema de asistencia médica.

Al ser testigo de sus necesidades y sufrimientos, se me mostraba una y otra vez cuáles son las cosas más importantes de la vida: servir, prestar atención y amar. Cuanto más buscamos formas de servir a los que se mueren, más vemos que las mismas normas se aplican a servir a los que viven.

Reflexionando, me di cuenta de que este trabajo encajaba perfectamente con las enseñanzas de Amma y con la *sadhana* (prácticas espirituales) que aconseja. Amma es la perfecta capellana y el ejemplo supremo para todos nosotros en todas las situaciones que afrontamos en la vida.

No soy una experta. Simplemente he tratado de prestar atención a lo que sucedía a mi alrededor y dentro de mí. Comparto mis experiencias, así como mis errores, con la esperanza de que todos profundicemos en nuestra comprensión y nuestra capacidad de estar presentes y cuidar unos de otros cuando haga falta.

Es muy posible que recibas una llamada telefónica parecida y que a alguien a quien conoces le sea diagnosticada una enfermedad terminal. ¿Cómo reaccionarías? ¿Te sientes preparado para estar con una persona que se está muriendo? ¿Cuál sería la actitud que más ayudaría en esa situación? ¿Cómo podemos servir mejor a las personas que se están muriendo?

Aunque este libro sea breve, hay mucha información que quizás te resulte novedosa; así que te invito a que lo leas despacio y te tomes un tiempo después de cada sección para reflexionar, digerir y absorber las ideas, y para ver cómo se pueden aplicar a tu propia situación.

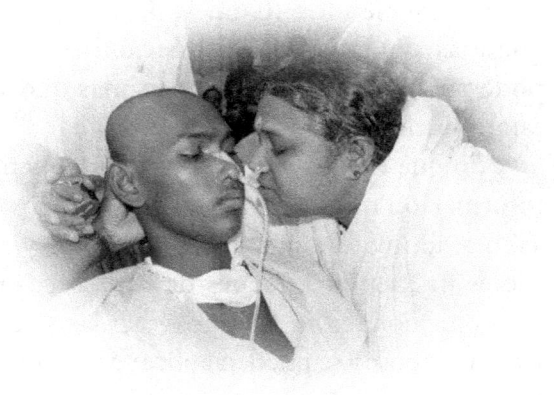

Los que van a morir

"Es difícil encontrar a personas sensibles de corazón compasivo. Hallad vuestra propia armonía interior, la bella canción de la vida y el amor que tenéis dentro. Id a servir a los que sufren. Aprended a anteponer a los demás. Tened en cuenta a todos, porque esa es la puerta hacia Dios y hacia vuestro propio Ser".

—Amma

Servir a quien va a morir como práctica espiritual

"Muchas personas no quieren meditar porque la quietud que experimentan en meditación les hace pensar que van a morirse.

"No os dais cuenta de que la meditación es el principio salvador que os hace inmortales.

"La meditación os lleva más allá del ciclo de la muerte y el renacimiento. De hecho, impide el miedo a la muerte. Las prácticas espirituales dan el poder y la valentía necesarios para sonreírle a la muerte".

—Amma

El acto de sentarse con alguien que va a morir es una práctica espiritual tremendamente poderosa. Es una ocasión que nos pide poner en práctica todas las cualidades que luchamos por alcanzar en la vida espiritual: ecuanimidad, compasión, entrega, fe y anteponer a los demás. Es una gran oportunidad para vivir las enseñanzas de Amma.

En este capítulo examinaremos algunas de las enseñanzas espirituales de Amma que podemos practicar mientras servimos a una persona que se está muriendo: estar en el momento presente, adquirir paciencia, recordar la verdad de que no somos el cuerpo, sino el Ser, y abrir el corazón.

Estar en el presente

"Igual que un niño vive plenamente en el presente, cuando ames, que todo tu ser esté presente en ese amor, sin divisiones

ni reservas. No hagas nada parcialmente, hazlo plenamente estando en el momento presente. No le des vueltas al pasado y no te aferres a él. Olvida el pasado y deja de soñar con el futuro. Exprésate estando plenamente presente ahora mismo. Nada, ni los lamentos sobre el pasado ni las preocupaciones sobre el futuro, deben interferir en la corriente mientras expresas tus sentimientos interiores. Suéltalo todo, y que tu ser entero fluya a través de tu actitud".

—Amma

El regalo más importante que podemos ofrecerle a alguien que se está muriendo es estar presente: escucharle activamente y prestarle toda nuestra atención a esa persona. Estar presente significa ser muy conscientes y sensibles ante su situación y aceptar a esa persona en cada momento cambiante. De esa forma, el tiempo que pasamos con la persona se convierte en una forma de meditación. Al ver a Amma dando *darshan* (tradicionalmente significa ver a un santo, pero en el caso de Amma significa bendecir a las personas abrazándolas), presenciamos el poder de estar totalmente presente con otra persona. Una tras otra, las personas llegan donde está Amma. Algunos van por primera vez, otros se encuentran tristes, algunos están contentos y otros son tímidos. Sin embargo, Amma se encuentra con cada uno de ellos donde está en ese momento.

Si te hallas en un camino espiritual, intentando conocer más tus propios miedos y comportamientos inconscientes, llegarás a entender mucho sobre ti mismo sentándote con una persona que se va a morir. Si estás acostumbrado a sentarte y observar tus propios sentimientos y pensamientos incómodos en momentos de contemplación o meditación, estarás mejor preparado para los sentimientos incómodos que surgen al sentarse con personas que van a morir. De hecho, cualquier práctica, sea meditación, recitación, rezar el rosario o asistir a un programa de los doce pasos, os será de gran ayuda a ti y a la persona que estés visitando. Esas prácticas nos ayudan a permanecer tranquilos, centrados y presentes; todas ellas cualidades esenciales que nos ayudan a servir a los que van a morir.

Amma dice: "Solo una persona que vive momento a momento puede estar completamente libre del miedo. Solo ella puede abrazar la muerte pacíficamente. Ese vivir momento a momento solo es posible por la meditación y haciendo prácticas espirituales. Donde hay ego, hay miedo a la muerte. Cuando se trasciende el ego, se queda uno sin ego y el miedo a la muerte también desaparece. En ese estado, la muerte se convierte en un gran momento de celebración".

Paciencia

"La paciencia y la entrega son esenciales para un aspirante"

—Amma

¿Cuánta paciencia, tolerancia y compasión tenemos? Lo sabremos rápidamente cuando nos sentemos regularmente con alguien que va a morir. A menudo nuestros seres queridos, que antes estaban llenos de energía, empiezan a pensar y a moverse más despacio. Pueden tardar el doble que antes en realizar actividades como comer o ducharse. Muchas personas incluso experimentan importantes cambios de humor y de personalidad. Todas estas son situaciones que ponen a prueba nuestra paciencia mientras servimos a personas que están muriéndose. Tenemos que estar atentos para mantener la paciencia, porque la impaciencia nos puede llevar a menudo, sin quererlo, a imponer nuestra voluntad a los demás.

El objetivo último de nuestra práctica espiritual es beneficiar al mundo. Amma dice: "Hijos, hace falta paciencia para progresar espiritualmente. Nunca perdáis la paciencia. Haced vuestras prácticas espirituales con la mayor sinceridad y esperad con paciencia. Si sois sinceros, los resultados llegaran".

En la experiencia diaria de servir a personas enfermas o moribundas podemos encontrarnos metiéndoles prisa para que hagan algo o deseando que se apresuren a tomar una decisión. Amma nos da un consejo muy práctico al respecto: "La impaciencia destruye. Sed pacientes. La verdadera vida es el amor. Cuando amas, no puedes tener prisa.

Debes ser paciente. Cuando estás en medio de una situación perturbadora, simplemente observa lo que está sucediendo. No seas grosero. No reacciones. Intenta darte cuenta de que el verdadero problema no es lo que está sucediendo, sino cómo estás reaccionando ante ello. Cuando veas que vas a reaccionar negativamente, en ese momento cállate. Deja de hablar".

Recordar que no somos el cuerpo, sino el Ser

"Si queremos paz mental, debemos comprender la diferencia entre lo permanente y lo transitorio y actuar en consecuencia. Todos nuestros familiares se irán algún día y nos quedaremos solos. Por eso debemos pensar en el verdadero objetivo de la vida. Si vivimos con esa

comprensión, ni siquiera le tendremos miedo a la muerte...

"Es bueno que las personas espirituales visiten hospitales al menos una vez al mes. Eso les ayudará a fortalecer y también a suavizar la mente. Aumentar el desapasionamiento dará más determinación a la mente. El corazón se ablandará por la compasión. Entenderemos lo ridícula que es esta vida si comprendemos que seremos los siguientes. Ser realmente conscientes de que vamos a morir ayuda a aumentar el desapego. La muerte nos sigue como una sombra. Conociendo y entendiendo la inevitabilidad de la muerte, hay que esforzarse intensamente por conocer la verdad eterna antes de que el cuerpo decaiga. Nadie sabe quién es el siguiente. Nadie puede predecirlo".

—Amma

Este trabajo no es para pusilánimes. Sentarse con alguien que va a morir puede ser difícil. Nos enfrentaremos inevitablemente a nuestra propia mortalidad. Nos preguntaremos: ¿Cómo moriré? ¿Quién estará a mi lado? ¿Qué sentiré? En los momentos de soledad, podemos meditar sobre nuestra propia muerte y asumirla. ¿Cuándo hemos sentido mayor satisfacción, paz o dicha en nuestra vida? ¿Quién y qué es realmente más importante para nosotros? ¿Dónde tenemos cosas pendientes en nuestra vida?

Amma nos dice: "Recordad: la gran amenaza de la muerte está presente en todo momento. Cuando nos damos cuenta de ello, es un golpe para nuestro ego. Sentir la inminencia de la muerte nos ayuda a vivir en el presente. Nos ayuda a ocuparnos de los demás".

Abrir el corazón

"La esencia de la maternidad no se limita a las mujeres que han dado a luz; es un principio presente tanto en las mujeres como en los hombres. Es una actitud mental. Es el amor, y ese amor es el mismo aliento de la vida".

—Amma

Tanto si somos hombres como mujeres, la Maternidad interior universal de todos tiene ocasión de florecer cuando servimos a alguien que va a morir. Esa experiencia nos da una bella oportunidad para salir de nuestra cabeza y bajar al corazón.

Una de las *brahmacharinis* de Amma trabajó como voluntaria en una residencia para enfermos terminales de San Francisco antes de conocer a Amma. Allí visitó varias veces a una joven que estaba muriéndose de cáncer de pulmón. Era muy difícil tratar con ella porque era muy maleducada y agresiva.

Un día, el hospital llamó a la voluntaria para decirle que la mujer había empeorado de repente y probablemente moriría en las siguientes veinticuatro horas. Estaban preocupados porque no podían localizar a su familia. Le pidieron que fuera a sentarse con la paciente.

Acudió al hospital y en cuanto entró en la habitación pudo ver que la joven estaba terriblemente asustada y le resultaba difícil respirar. Trató de hablar con ella, pero no había nada que pudiera hacer o decir para calmarla. Así que se limitó a estar allí sentada durante horas. Se concentró simplemente en estar allí con la mujer que se moría, con todo su corazón y su alma. Intentó abrir su corazón a la presencia y al miedo de la mujer. Finalmente, esta pareció calmarse.

Al cabo de varias horas, la familia de la mujer llegó y la trabajadora de la residencia se fue del hospital. Mientras esperaba el autobús sintió que su corazón estaba completamente abierto de una forma que nunca antes había experimentado. Sintió de la manera más profunda que amaba todo y a todos. Al subir al autobús se dio cuenta de que incluso quería abrazar al conductor.

Los momentos que se pasan con personas que van a morir tienen una calidad diferente, porque todas las máscaras sociales se van por la ventana. Cuando hablamos con una persona que se está muriendo podemos volvernos más conscientes del tiempo y del hecho de que su tiempo es limitado. Empezamos a comprender que mucho de lo que hablamos es en realidad bastante nimio y raras veces importante. Experimentamos un sentido de urgencia respecto al tiempo y lo valioso que es, y obtenemos una comprensión más profunda de la enseñanza de Amma: "No perdáis el tiempo. A Amma no le preocupa que se pierdan diez millones de rupias; lo que le preocupa realmente a Amma es que se malgaste incluso un solo instante. El dinero puede recuperarse; el tiempo que se pierde, no. Hijos, sed conscientes siempre del valor del tiempo".

Si pasas mucho tiempo con una persona que va a morir, el nivel de intimidad experimentado entre vosotros puede ser muy profundo. El habitual ajetreo del día a día, la lista de cosas que hay que hacer, los desacuerdos con los compañeros de trabajo y todo lo que nos distrae del momento presente están ausentes gran parte del tiempo mientras visitamos a nuestro ser querido.

De hecho, podemos empezar a darnos cuenta de que los sucesos de nuestra vida que llamamos problemas no son nada comparados con la situación de la persona que se está muriendo. Es un regalo que el moribundo nos hace sin saberlo. Nos hace reducir el ritmo y nos muestra lo que es importante y significativo en la vida. Todos podemos beneficiarnos de esa clase de relación mutua que tiene lugar en un nivel más profundo. Solemos sentirnos muy beneficiados cuando se produce esa conexión de corazón a corazón con los demás. Es una experiencia valiosa que puede enriquecernos y después nosotros también podemos compartir esa experiencia en otras áreas de nuestra vida.

Sanación

"El amor puede sanar corazones heridos y transformar la mente humana. Mediante el amor se pueden superar todos los obstáculos. El amor nos puede ayudar a abandonar toda la tensión física, mental e intelectual, y de ese modo nos da paz y felicidad. El amor es la ambrosía que da belleza y encanto a la vida. El amor puede crear otro mundo en el que eres inmortal y eterno".

—Amma

Ese proceso es un ciclo: la práctica espiritual nos ayuda a sentarnos con una persona que va a morir, y sentarnos con una persona

35

moribunda es una práctica espiritual tremendamente poderosa. También es un proceso recíproco. Pueden revelarse heridas emocionales no resueltas propias, lo que puede provocar una oportunidad de sanación. Una capellana de hospital me contó la siguiente historia:

"Me pidieron que visitara a un adolescente al que habían disparado. Estaba en estado crítico y no se esperaba que sobreviviera. Cuando me hablaron de él, mi corazón se puso a latir rápidamente y fui a la unidad. No recuerdo que hubiera nadie más en la habitación, solo ese chico inconsciente con tubos, cables y luces a su alrededor. Recuerdo vagamente que le miré durante unos minutos, escuchando su respiración dificultosa, y después salí de la habitación. Hasta que había recorrido la mitad del pasillo no me di cuenta de que me estaba sujetando a la pared.

"A mi hermana la dispararon en la nuca cuando tenía dieciséis años. Estuvo dos días en coma y después murió. La bala que alcanzó a mi hermana destrozó nuestra familia entera. No teníamos ningún sistema de creencias, nada que nos ayudara a explicarlo, nada a lo que agarrarnos, ni siquiera los unos a los otros. Mi padre no creía en la terapia. Decía que era para personas débiles o locas. Así que cada uno se retiró a su propia angustia y confusión durante los siguientes veinticinco años. Entonces yo tenía diez años.

"Cuando me llamaron a la cabecera de ese chico, que tenía la misma edad que mi hermana cuando la dispararon, me di cuenta de que todavía no habían sanado por completo todas las profundas heridas que arrastraba por su repentina muerte, aunque llevaba muchos años trabajando en el tema. Fui completamente incapaz de enfrentarme con este chico".

Servir a una persona que se está muriendo es un indicador muy útil para ver dónde nos encontramos en términos de madurez emocional. Primero, debemos determinar si estamos dispuestos y si somos capaces de hacernos cargo de la situación que se nos presenta. Si creemos que no somos capaces de ayudar emocionalmente, tenemos que escoger: o ser sinceros sobre nuestra incapacidad para participar o estar dispuestos a verlo como una ocasión para empezar a profundizar en nuestro proceso de autosanación. Lo importante es que permanezcamos conscientes de cómo nos afectan las circunstancias. Elisabeth Kübler-Ross[1], en su muy influyente obra sobre el cuidado en residencias de enfermos terminales, *Viviendo con la muerte y los moribundos*, explica: "Es esencial que todos los que se ocupan de personas que van a morir y de sus familias comprendan en todo momento sus propias

---

[1] La doctora Elisabeth Kübler-Ross (1926 – 2004) fue una psiquiatra nacida en suiza que escribió el revolucionario libro *Sobre la muerte y los moribundos*. Su dedicación y determinación cambiaron para siempre la forma en la que el mundo trata a sus moribundos. Sus incansables esfuerzos por garantizar que los que están muriendo fueran tratados con compasión y dignidad se han convertido actualmente en la norma en los cuidados al final de la vida. La doctora Ross le enseñó al mundo que la muerte tenía que ver en realidad con la vida y que nuestro trabajo aquí era aprender a amar incondicionalmente.

preocupaciones y ansiedades para evitar proyectar sus propios miedos"[2].

---

[2] Kübler-Ross, Elisabeth, 1981, *Viviendo con la muerte y los moribundos,* Nueva York, Macmillan, p. 16.

Estrés

Es importante recordar que la enfermedad
y la muerte son sumamente estresantes.
Muchos de los acontecimientos que están
sucediendo son impredecibles y descono-
cidos. Solemos relacionar el estrés con la
actividad. Por eso, si alguien está en cama
no nos parece algo estresante. En la mayoría
de las personas el estrés suele hacer salir su
peor lado. Eso es así no solo en quienes van
a morir, sino también entre los cuidadores
y los seres queridos. Verlo desde este punto
de vista y preguntarnos "¿qué me ayuda a
sobrellevar el estrés?" es de mucha ayuda,
especialmente si podemos incorporar esas

capacidades de afrontar situaciones difíciles a nuestra vida diaria.

Sin embargo, no todo el mundo responde a la enfermedad con estrés. Algunos reducen el ritmo a causa de la enfermedad y empiezan a apreciar muchas cosas de su vida. Descubren la posibilidad de experimentar una enorme cantidad de gratitud hacia las personas y las cosas de su vida que las hacen felices. Así que, como sucede en la mayor parte de las experiencias, es importante tener en cuenta que pueden producirse muchas reacciones diferentes.

A menudo sentimos impotencia y pérdida de control en algún momento en el proceso de estar con alguien durante una enfermedad crítica. Por mucho que queramos que las cosas sean de otra manera, por mucho que queramos a la persona, no podemos cambiar lo que están pasando. Es normal sentirse a veces indefenso e impotente. De hecho, somos impotentes. Aprender a aceptar nuestra impotencia y a entregar el control es un paso necesario hacia la madurez espiritual. Idealmente, queremos aprender a entregarnos con dignidad y con la comprensión adecuada, en un proceso que puede llamarse aceptación de que la vida se revela como la voluntad de Dios o fe en un poder superior.

Muchas enfermedades son degenerativas y hacen que el cuerpo se deteriore lenta y gradualmente a lo largo de los años. Esas enfermedades progresivas son muy dolorosas y los pacientes necesitan a menudo cuidados a largo plazo. Los temas de los que se habla en este libro —el estrés, la pérdida, la esperanza, etc.— se aplican no solo cuando se diagnostica una enfermedad terminal a nuestros seres queridos, sino también cuando se les diagnostica una enfermedad crónica.

Cuando cuidamos a alguien que está gravemente enfermo o muriéndose, es normal que el cuidador o el amigo sientan estrés, agotamiento, confusión, desagrado o tristeza. Sé tolerante contigo mismo; tus cuidados y tu presencia son regalos inestimables.

Pérdida

*"El conocimiento espiritual es la capaci-
dad de mantener una actitud bondadosa
hacia todos los seres, de mirar por el tercer
ojo mientras mantienes los otros dos ojos
bien abiertos. La realización de la espiritualidad es la capacidad de aceptar y
comprender a los demás tal como son".*

—Amma

El enfermo terminal se enfrenta a la situación
más vulnerable de toda su vida. Hay muchas
cosas sobre las que tenemos que reflexionar
para ser más sensibles a lo que le está sucediendo exactamente a la persona que afronta
la enfermedad y la muerte.

En la muerte, ese ser que llamamos "yo" lo pierde todo. Tú puedes estar perdiendo a alguien a quien quieres mucho; pero la persona que se está muriendo está perdiendo a todos sus seres queridos y todo lo que ama. La experiencia de pérdida se inicia en el momento del diagnóstico. Todo cambia, especialmente la relación de la persona con su cuerpo y con el funcionamiento de este. Es incluso frecuente sentirse traicionado por el propio cuerpo.

En cuanto una persona ingresa en el hospital, ya se está produciendo un cambio enorme en su vida. Tenemos que ser conscientes de ello cuando visitamos a alguien que va a morir. Las personas sanas viven en sus hogares, donde se sienten cómodas. Comen lo que quieren y cuando quieren. Pueden elegir. Desempeñan papeles diferentes a lo largo del día y se les presta atención. Se relacionan con personas en todos los niveles. Experimentan intimidad física con su cónyuge o su pareja. Pasan el tiempo libre como quieren.

Cuando alguien ingresa en el hospital, de repente se encuentra en una cama habitualmente muy incómoda, con sábanas ásperas, teniendo que contemplar durante diez horas al día una mala obra de arte que está colgada en la pared. La bata del hospital no se ajusta bien, dejando a la vista el trasero del paciente. Nadie llama a la puerta antes de entrar en la habitación ni pregunta si es un buen momento para una visita. Las enfermeras, los médicos, los limpiadores y los que sirven la comida entran en la habitación día y noche. El paciente no solo está separado de su familia y sus seres queridos, sino que tampoco tiene ninguna privacidad.

Otro cambio enorme para el paciente es que su cuerpo ya no le pertenece. Hay personas que lo sondan y lo pinchan, causándole dolor, desnudándolo y mirándolo. Se importuna al cuerpo de maneras en las que nadie pensaría nunca tocarlo o mirarlo fuera del contexto de la enfermedad. El cuerpo se convierte en un objeto a examinar y curar. La persona que hay en su interior puede ser olvidada.

La manera en la que las personas se ven a sí mismas y, en consecuencia, cómo experimentan el mundo cambia con la enfermedad. Este cuerpo, con el que estamos tan identificados, ya no tiene el mismo aspecto, ya no se siente o se mueve de la misma manera. Las personas pueden experimentar pérdida de cabello, pérdida de peso o incluso la pérdida de un órgano o un miembro. Si su identidad se basa en su apariencia física, esos cambios pueden provocar una cantidad enorme de dolor y miedo.

Un diagnóstico terminal transforma inmediatamente todas las relaciones que se tienen con los demás. Las personas ya no se relacionan con la persona que va a morir de la misma manera. Hablar abiertamente, sinceramente y cómodamente, especialmente discutir o estar en desacuerdo, son cosas del pasado. La participación en la vida se reduce de manera espectacular. A ello se suma el proceso de toma de decisiones sobre posibles tratamientos y los efectos secundarios que los acompañan. Después está el enorme miedo a lo desconocido, el aterrador pensamiento de que su vida quizá no vuelva a su estado sano anterior.

De ese modo, una persona puede pasar en un instante de tener una vida llena y activa a sentirse muy aislada, asustada y sola. Recordar esto nos ayudará a ser más sensibles y más empáticos con nuestro ser querido.

Diferencias entre hombres y mujeres

"Las mujeres y los hombres no son dos, sino uno. Son dos aspectos de la verdad única, como dos caras de una moneda. Lo que las mujeres no pueden hacer, pueden hacerlo los hombres. Lo que los hombres no pueden hacer, pueden hacerlo las mujeres. Sus dharmas (deberes) son complementarios".

—Amma

Como las mujeres y los hombres a veces recorren la vida de maneras muy distintas, los problemas que se les pueden plantear en una enfermedad terminal también pueden ser diferentes. No es que quiera catalogar a los hombres y las mujeres. Trato este asunto por lo frecuente que ha sido esta disparidad en mi experiencia con personas enfermas y moribundas.

Cuando empecé a visitar a pacientes, no era en absoluto consciente de esas diferencias; pero después de un par de meses haciendo este trabajo, me asombró descubrir el mismo patrón en casi todos mis pacientes.

Por ejemplo: cuando se les diagnostica un cáncer, las mujeres generalmente cambian de papel, de ser cuidadoras a ser personas que deben pedir y recibir ayuda. Muchas mujeres no están acostumbradas a pedir ayuda. Por eso, sienten que al expresar sus necesidades están siendo una carga para sus seres queridos. Los hombres suelen sentirse muy afligidos porque ya no pueden trabajar y mantener a su familia.

Cuando fui más consciente de esos temas comunes que pueden plantearse entre todas las mujeres y entre todos los hombres, pude ser más sensible a sus situaciones y, en consecuencia, mis visitas se volvieron más valiosas.

El siguiente es un ejemplo de una conversación entre un visitante y una paciente. Este diálogo nos ofrece un atisbo de algunos de los asuntos que las mujeres suelen afrontar: cambiar de papel, pedir ayuda, ser una carga para la familia, proteger al cónyuge y echar de menos a sus seres queridos. Pero esto no es una receta. No hay preguntas ni respuestas perfectas.

Diálogo número 1: cambio de papeles (una paciente)
Visitante: ¿Cómo estás?
[La paciente se echa a llorar inmediatamente. El visitante la deja llorar un rato.

La paciente pide finalmente una toallita, que el visitante le da.]

Visitante: ¿Sabes de dónde vienen tus lágrimas?

Paciente: Sí, creo que estoy abrumada, supongo. ¡Soy tan afortunada...! La operación salió perfectamente. Pero mi esposo y mi familia… *[se pone a llorar más intensamente].* Ha sido muy duro para ellos. Mi esposo lo está pasando realmente mal. Tiene que cuidar de los niños y seguir yendo a trabajar. Y sé que está preocupado por el dinero.

Visitante: Puedo ver por tus lágrimas que han sido momentos realmente difíciles para ti. Parece que los dos habéis cambiado de papel. Debes de echar de menos estar allí para cuidar de todos.

Paciente: Sí. Siento que puedo llorar contigo porque me siento segura. No puedo dejar que él me vea perder la calma de esta manera. Se estresaría más.

Podemos ver que el visitante responde a lo que está sucediendo en el momento, permitiendo que la paciente exprese sus miedos y sus emociones. Los temas que surgen son muy fuertes y claramente importantes en la vida de esta persona: dinero, familia, estrés, enfermedad física y dependencia de los demás.

El siguiente diálogo trata sobre algunos de los temas que son más comunes entre los hombres.

Diálogo número 2: el sostén económico (un paciente)
Visitante: ¿Cómo ha cambiado tu vida desde que te dieron el diagnóstico hace cuatro meses?

Paciente: Bueno, cuando me puse realmente enfermo tuve que dejar de trabajar. Mi esposa, Claire, estuvo conmigo aquí en todo. Así que ahora tiene que trabajar mucho.

Visitante: ¿Ahora pasas mucho tiempo solo?

Paciente: Sí.

Visitante: ¿Qué tal es?

Paciente: Un poco difícil. Con el negocio, ya sabes, no puedo levantar nada.

Visitante: Echas de menos el trabajo.

Paciente: Sí, ahora no sé qué hacer.

Visitante: Supongo que te sientes bastante aislado.

Paciente: Sí, así es.

Visitante: ¿Cómo te afecta el que Claire tenga que trabajar ahora tan duro?

Paciente: Es difícil. Me da envidia.

Tener que depender de su mujer para los ingresos y sentirse impotente y débil es un reto para el concepto que este paciente tiene de sí mismo, lo que hace que se sienta estresado además de tener que afrontar su enfermedad. Este paciente no se siente culpable de que su esposa tenga que trabajar más, sino que siente envidia. Lo más frecuente es que los hombres asuman más el papel de sostén del hogar y pueden llegar a identificarse con el trabajo que hacen fuera de casa. Cuando no pueden trabajar por enfermedad, ya no se reconocen a sí mismos y a veces se sienten inútiles. Esas profundas emociones los llevan con frecuencia a la depresión. Los hombres suelen compartir esa experiencia, pero las mujeres también pueden tener emociones y respuestas similares ante su cambio de papel en el hogar.

El ser más consciente de estos hechos nos prepara mejor para nuestras visitas y para cualquier emoción que la persona pueda experimentar. Aquí tenemos otro diálogo con un paciente que trata sobre esos mismos asuntos, así como el tema de querer morir.

Diálogo número 3: El sostén de la familia (un paciente)

Visitante: Hola, John. ¿Qué tal estás?

Paciente: Bien.

Visitante: ¿Estás aquí para recibir algún tratamiento?

Paciente: Me están dando radiación. Le pregunté al médico si podía simplemente irme y me dijo que no.

Visitante: ¿Quieres irte a casa?

Paciente: No, quiero que me entierren.

Visitante: ¿Ya has tenido suficiente?

Paciente: Sí. Odio estar tumbado en esta cama. Llevo quince meses enfermo, primero del pulmón y ahora del cerebro. Hasta en casa tengo que estar en la cama. Mis dos hijos han venido desde Arizona. Les he dicho que se vayan a casa.

Visitante: Parece que te encuentras en una situación muy difícil.

Paciente: Sí, solo quiero dormirme, que me pongan una inyección y dormirme; pero mi esposa dice que no.

Visitante: ¿Te sientes en conflicto porque ella no está de acuerdo contigo?

Paciente: Un poco. Ella cree que Dios te lleva cuando está dispuesto.

Visitante: ¿Y tú lo ves de otra manera?

Paciente: Bueno, no. Yo solo quiero dormir. Para mí no tiene sentido estar así, tumbado, viendo a todos venir andando, y yo sin poder andar.

Visitante: ¿Te sientes inútil porque no estás siendo productivo?

Paciente: He trabajado toda mi vida; he viajado por todo el país... no lo sé.

Visitante: Parece que eras muy activo y que ahora todo ha cambiado.

[Silencio]

Visitante: ¿Te sientes en paz con la muerte?

Paciente: *[Duda]* Sí, pero mi esposa no está preparada. Cree que tengo que esperar a que me llamen. Yo sólo estoy cansado de todo esto.

Algunas veces el paciente se siente preparado y quiere morirse, quizás por un intenso dolor crónico, o, como en este diálogo, porque se siente inútil. Los miembros de su familia y sus amigos pueden verlo de otra manera y ese conflicto crea a menudo un sentimiento de separación o soledad en el paciente. Esos sentimientos pueden intensificarse con la presencia del personal médico, que trabaja con diligencia para mantener vivo al paciente. En esos casos hay que ser sensible con los sentimientos de esa persona. Si también nos resulta difícil apoyar al paciente en relación con este tema, podemos procesar esos sentimientos y emociones con un amigo o un terapeuta.

Etapas de la pérdida

Las etapas del dolor de Elisabeth Kübler-Ross son una parte muy conocida del proceso de morir: ira, negación, negociación, depresión y aceptación[3]. Desde el momento del diagnóstico, alguna de las cinco etapas suele estar produciéndose en la persona que va a morir y en sus seres queridos. Recuerdo haber pasado por las cinco etapas en un solo día.

En mi segundo año de capellana, entré en la habitación de Alex, una chica de dieciocho años que corría contra reloj porque necesitaba desesperadamente un trasplante

---

[3] Ross, *Vivir con la muerte y los moribundos*, contraportada.

de pulmón. Conectamos inmediatamente. Pasé tres horas con ella, hablando de lo que sucede después de la muerte, si el suicidio está alguna vez justificado, sus miedos, sus sentimientos de aislamiento y su familia, así como de las cosas por las que pasan todas las chicas de dieciocho años (por ejemplo, de por qué su novio no la estaba llamando). También compartió conmigo las distintas formas en las que había estado afrontando la enfermedad. Por ejemplo, cuando se cansaba mucho para poder mantener el ritmo de sus amigos mientras caminaban por el centro comercial, ponía excusas para pararse y recuperar el aliento:

—¡Eh, mira esa camisa! ¡Mira esos zapatos!

Su apertura conmigo fue extraordinaria. Ni que decir tiene que después de tres horas me había encariñado con ella. Me

emocionaron mucho su fuerza y su valentía.
A veces se ponía a toser mientras hablaba, era
incapaz de recuperar el aliento y empezaba
a ponerse azul. En una ocasión tuvieron que
conectarla un rato a un respirador. Al verlo,
me sentía desconsolada e impotente.

Esa visita me afectó mucho emocionalmente. En el tren de vuelta a casa, me puse a
rezarle a Dios. Me di cuenta de cuántos sentimientos intensos estaban surgiendo en mí:
ira, confusión y tristeza. También me sentía
muy deprimida e impotente. Tratando de
encontrar una solución, empecé a negociar,
pensando incluso si sería posible darle uno
de mis pulmones. Mis pensamientos seguían
y seguían.

Estuve toda la noche dando vueltas en
la cama, pasando por todas esas etapas del
dolor. A la mañana siguiente, después de
meditar un rato, llegué a un espacio de cierta

claridad y aceptación, pero no completas. Cuando fui a visitarla a la mañana siguiente, Alex no estaba en la habitación. Pensé que habría muerto. Mis ojos se llenaron de lágrimas. Le pregunté a la enfermera y me dijo que la estaban operando. Alguien había muerto y sus pulmones habían llegado en helicóptero en la mitad de la noche.

En esa situación, yo era solo una conocida; pero se puede ver lo intensa y plenamente que experimenté las cinco etapas del dolor. Solo podemos imaginarnos por lo que pasa una persona que se está muriendo.

Esas etapas pueden aparecer en cualquier orden y pueden durar un minuto, un día, un mes o un año. No hay ninguna fórmula o patrón fijo. Pero debemos recordar que esos sentimientos son naturales y normales para la persona que va a morir y sus seres queridos. Por ejemplo, si visitas a un amigo que se está muriendo y ves que se queja de la comida, de la incompetencia de la enfermera, que incluso te critica a ti, solo intenta recordar que la ira es una de las etapas y que así es como la ira de tu amigo se está manifestando en ese momento. No te lo tomes personalmente e intenta no reaccionar o juzgar.

La negación es un estado mental muy complejo que a menudo desempeña un papel en la persona que va a morir o en alguien muy cercano a ella. A veces suponemos que sería más sano que la persona que va a morir aceptara y se hiciera cargo de su inminente muerte.

A menudo la negación de la persona afecta a los seres queridos, normalmente los hijos, y la falta de disposición a aceptar su propia muerte parece favorecer y prolongar la negación en la familia y los amigos. Algunas personas nunca están dispuestas a hablar de su propia muerte y fallecen sin haber hablado nunca sobre ella. Eso no significa necesariamente que estuvieran negándola.

A veces las personas recurren a medidas extremas para "proteger" a sus hijos o a sus cónyuges. Tienen derecho a decidir cómo van a morir. Aunque pensemos que parece psicológicamente insano o reprimido, no nos toca juzgar. Cuando nos toque a nosotros podremos hacerlo como queramos.

De vez en cuando las personas viven en negación durante lo que parece mucho tiempo cuando se enteran de que su cónyuge o su hijo esta terminalmente enfermo. Podemos sentirnos tentados a traerlos a nuestra versión de la realidad. Realmente puede ser una prueba de paciencia sentarse y escuchar a alguien que se niega a creer que su ser querido está enfermo, especialmente si la negación dura días, semanas o incluso meses.

La clase de apoyo que hay que ofrecer en esos momentos no debe orientarse hacia un objetivo. No es un problema que haya que resolver. Si somos "solucionadores de problemas" por naturaleza, tenemos que adaptar nuestra forma de pensar y darnos cuenta de que lo que hace falta ahora es estar más y hacer menos. Simplemente estar presente con la confusión y el dolor de la otra persona es lo que más le puede ayudar.

La verdad subyacente, que a menudo se pasa por alto, es que nadie sabe realmente cuándo va a morir alguien. Podemos pensar que una persona está negando; pero quizá sencillamente esté en un estado de "no saber", que de hecho se acerca más a la verdad. La gente puede recuperarse, pueden suceder milagros o una enfermedad puede prolongarse durante años. Nunca podemos saberlo con seguridad, aunque parezca que el paciente va a morirse muy pronto.

Un amigo me contó la siguiente historia:

"Tenía un amigo cuyo padre estaba en el hospital y pensaban que iba a morirse; pero entonces su madre tuvo un repentino ataque al corazón y murió casi de inmediato, mientras que su padre se recuperó".

La visita

"La gente quiere vivir para siempre. Nadie quiere morirse. El pensamiento de que después de nuestra muerte el mundo va a seguir sin nosotros nos hace temblar. El mundo va a seguir sin ti y te vas a perder todas las cosas bellas: tu casa, tus amigos, tu esposa, tus hijos, las flores del jardín y su aroma. Como la muerte es la mayor amenaza, el mayor temor, el mayor golpe a nuestro ego, en todo momento los seres humanos intentan cubrir y olvidar ese miedo a la muerte corriendo tras los placeres del mundo".

—Amma

Entrar en la habitación

Imagina que vamos a visitar a una persona a la que se le ha diagnosticado una enfermedad grave. Antes de entrar en la habitación, respiramos profundamente un par de veces y nos centramos.

Cuando se visita a los enfermos y a los moribundos, dos corazones se conectan y se abre un espacio sagrado. Ayudamos más si participamos con un estado de ánimo asentado, sensible y abierto. En ese ambiente, tenemos la ocasión de aprender muchas cosas sobre nosotros mismos; el paciente que se está muriendo a menudo hace de espejo que refleja nuestros propios problemas de miedo a la pérdida, tristeza, negatividad y control.

Entonces podemos observar de cerca nuestras reacciones y preguntarnos: "¿Qué sucedió que me hizo querer salir corriendo y dando gritos de esa habitación?".

Se ha dicho que el noventa y tres por ciento de toda la comunicación es no verbal. De hecho, el modo en que entramos en una habitación, en que nos sentamos y del que nos relacionamos con esa persona es más importante que lo que decimos. ¿Qué clase de mensaje estamos transmitiendo si nos sentamos a tres metros, en la otra punta de la habitación, en la silla que está más cerca de la puerta? ¿Qué le dice a la persona el que no podamos mirarla a los ojos y nos quedemos mirando por la ventana?

Aunque la persona sea solo un conocido, no tengas miedo de poner la silla justo al lado de la cama. Si te sientes cómodo y no hay ningún problema (por ejemplo, si no lleva una vía), tócale suavemente la mano. A la mayoría de las personas que están en un hospital no se les toca con cariño. Las sondan, las pinchan y las examinan, pero no las abrazan o las acarician.

La forma en la que Amma elige dar *darshan* nos muestra lo importante que es el contacto. Para intentar mantener sano el cuerpo de Amma, muchos devotos le han suplicado que cambie su manera de actuar y que simplemente bendiga a la gente con un golpecito en la cabeza; pero Amma se niega incluso a costa de su propia comodidad. Sabe que el ser abrazado estrechamente tiene un impacto duradero y transformador en todos los que experimentan su intenso abrazo.

No infravaloremos nunca el poder estimulante y sanador de nuestro toque, especialmente cuando trabajamos con personas que están muriéndose. De una forma muy sencilla, podemos preguntarle al paciente: "¿Te parece bien si te doy la mano?" o "¿Te gustaría que te diera un masaje en los pies?"

En algún momento de nuestra visita o visitas, probablemente sentiremos el impulso de hacer algo por la persona a la que estamos visitando. Ese impulso es totalmente natural y normal. Hay pequeñas cosas que pueden hacerse para que el paciente se sienta más cómodo. Por supuesto, hay que preguntar antes de hacer nada, pero aquí tienes algunas sugerencias: poner bien las almohadas, darle un trago de agua (si está indicado; quizá haya que comprobarlo con la enfermera), mojarle los labios con una esponja, leerle algo, ponerle un paño frío en la frente, etc.

Si el paciente está en casa recibiendo cuidados para enfermos terminales, podemos ayudar al cuidador llevándole una comida o haciendo una tarea sencilla como lavar los platos. También podemos preguntarle al cuidador principal si necesita algo. Esas pequeñas acciones nos ayudan a sentirnos útiles y pueden ser muy apreciadas.

El gran elefante rosa

Cuando visitamos a un moribundo, podemos pensar que solo hay dos personas en la habitación: tú y la persona que va a morir; pero de hecho hay una tercera presencia: "el gran elefante rosa". He observado muchas veces a amigos y familiares en su primera visita a un amigo o pariente enfermo. Hablan del tiempo, de las noticias y de deportes; nunca se refieren al gran elefante rosa: la razón por la que la persona está hospitalizada. No tengáis miedo a expresarlo.

Estas son algunas cosas que pueden decirse: "Papá, nunca hemos hablado sobre la muerte. ¿Cuáles son tus creencias en torno a la muerte?" O: "Mary, ¿qué pensamientos y sentimientos has tenido desde el diagnóstico?" Si te parece demasiado intenso, simplemente puedes acercar una silla, mirar a la persona a los ojos y decir: "¿Cómo llevas esto?" Esa simple pregunta le hace saber a la persona que estamos dispuestos a ir con ella a un lugar que puede ser emocionalmente difícil. Si la persona, a su vez, nos responde hablando del tiempo, está bien, está en su derecho. Quizá al día siguiente la persona recuerde que estamos dispuestos a hablar de sentimientos y emociones. Al menos habremos abierto la puerta.

La persona que va a morir también puede ponernos a prueba para ver lo valientes que somos y si realmente somos alguien a quien puede confiarle sus sentimientos. En ese caso a veces puede parecer que el paciente está enfadado y es muy hostil con nosotros, quizás culpándonos de su situación, por ejemplo, por haberle llevado al hospital. He pasado por esa experiencia, y cuando volví al día siguiente para visitarle, el paciente me dijo:

—Así que no te asusté después de todo. Estaba seguro de que no volverías.

A veces podemos sentirnos perdidos, incapaces de imaginar lo que la persona está experimentando. En esos casos, puede ser útil establecer un diálogo abierto para expresar esos sentimientos y decir: "No puedo ni imaginar por lo que estás pasando ahora mismo. ¿Me lo puedes describir?"

El paciente invisible

"Aunque un objeto esté justo delante de nosotros, si nuestra mente no está allí, no lo veremos. Se dice: 'No basta con tener ojos; hay que ver'".

—Amma

A veces tengo la sensación de que los pacientes quieren gritar: "¡Mírame! ¡Escúchame! ¡Entiéndeme!" He visto a muchos médicos, enfermeras, personas que sirven comida, etc. prácticamente ignorar al paciente. Posiblemente eso suceda porque es muy duro para cualquiera ver a alguien que está sufriendo. Por supuesto, si es nuestro ser querido es aún más difícil y uno de los retos más grandes que

80

podemos encontrar. Si nos damos cuenta de que ignoramos a la persona porque tenemos miedo o nos sentimos incómodos, podemos dejar de hacerlo inmediatamente y volver a prestarle atención. Incluso podemos decir: "A veces me cuesta mucho mirarte cuando sientes dolor".

Después de la mayor parte de mis visitas, era consciente de los sentimientos de aislamiento y soledad que forman parte de la experiencia de muchos pacientes. Algunos familiares sencillamente no pueden "estar ahí" con ellos emocionalmente o, como acabamos de explicar, los pacientes se vuelven invisibles: el personal médico que los atiende ni los escucha ni los ve.

Una vez estaba visitando a Brian, un adolescente que estaba completamente paralizado por un accidente de moto. Estaba a punto de ir al quirófano y sus padres también se encontraban en la habitación. La enfermera entró y habló solo con la madre, dirigiéndose a ella literalmente por encima del cuerpo recostado de Brian. Cuando hubo salido de la habitación, Brian le dijo a su madre:

—La próxima vez que venga una enfermera quiero que hable directamente conmigo. ¿Me ayudarás a que sea así?

Fue un gran ejemplo de comunicación clara y directa y de cómo pedir ayuda.

Solo pasé como una hora con Brian, pero conectamos muy profundamente. Simpaticé con él porque yo también había tenido un accidente de coche cuando era joven. Estuve paralizada un tiempo y también tuve que someterme a una grave operación.

Cuando recibí la llamada para visitar a ese chico, mi turno en el hospital había terminado y estaba saliendo por la puerta. El teléfono sonó y, por alguna razón, volví para contestar.

La enfermera me dijo que realmente no sabía por qué me llamaba, pero que sentía que ese chico necesitaba hablar con alguien. Cuando lo vi y me explicó la situación, le conté que yo también había tenido un accidente quince años antes, después del cual me había quedado paralizada y había tenido que operarme. Él se puso a llorar por "la coincidencia"; pero yo sabía que una mano invisible me estaba guiando hacia ese chico porque podía empatizar con su situación.

Normalmente, es mejor no hablar de nosotros mismos cuando visitamos a alguien que necesita nuestro cuidado y atención. Sin embargo, si hemos pasado por una experiencia parecida, puede ser beneficioso decirlo al principio sencilla y brevemente. Te sorprenderá el cambio que se produce en la otra persona al relacionarte con ella de esa forma. De repente Brian me miró como si fuera la única persona que realmente le hubiera entendido durante su terrible experiencia.

Si te encuentras en una situación parecida, es importante no rechazar los miedos del paciente ni apaciguarle con palabras vacías como "vas a estar bien, igual que me pasó a mí". Recuerda lo que fue para ti, lo asustado, solo, etc. que te sentías, cuando pasaste por tu situación difícil. Escúchale y sigue apoyándole en todo momento.

Con esa clase de presencia, los pacientes se sienten comprendidos y apoyados cuando se les recuerda que no son los únicos que han pasado por esa experiencia.

En general, se tiene mayor empatía y compasión por los demás si se ha sufrido física o emocionalmente en la propia vida. Traemos nuestras experiencias a la cabecera de la cama y son los momentos difíciles, los momentos en los que hemos sufrido, los que nos preparan para sentarnos con personas que están asustadas o sienten dolor.

Amma nos dice: "Solo una persona que ha conocido el hambre entiende los retortijones de hambre de otra persona. Solo una persona que ha cargado una pesada carga entiende el esfuerzo que supone llevar mucho peso. Si cada uno de nosotros realmente quisiera, podríamos influir mucho en el mundo. El beneficio de todas las buenas acciones que realizamos con actitud desinteresada vuelve sin duda a nosotros".

Escuchar

"La verdadera escucha solo se produce cuando hay amor".

—Amma

Si nos cansamos de hablar del tiempo y de las noticias y queremos llegar a un nivel más profundo de intimidad, pero no sabemos exactamente cómo empezar, una o dos buenas preguntas pueden llevarnos allí. Por ejemplo, si una mujer lleva mucho tiempo en el hospital, le podemos preguntar qué es lo que más extraña de su vida "normal". Su respuesta nos revela exactamente dónde se encuentra en ese momento. Su respuesta puede sorprenderte. Podíamos suponer que hablaría de su marido o de sus hijos; pero podría decir perfectamente que echaba de menos cuidar el jardín. Otra pregunta podría ser: "¿Qué has aprendido de ti misma en estos últimos cuatro meses desde el diagnóstico?" Esa pregunta puede llevar al paciente de un diálogo superficial a uno más introspectivo sin necesidad de llegar a ser demasiado íntimo.

Cualquier tema corriente planteado por una persona que se está muriendo puede adoptar de repente un significado más profundo. Por ejemplo, una persona que antes era atleta y que ahora está limitada por una enfermedad puede sacar un tema relacionado con el deporte. Eso puede servir como una invitación a hablar de una perdida que ha tenido en su vida, no solo para mantener una conversación superficial. Si no estamos muy atentos, podemos perder una oportunidad de conectar más profundamente.

El deseo de ayudar a los demás viene de un lugar muy puro que hay dentro de cada uno de nosotros; pero, en último término, no podemos ayudar a nadie a afrontar la muerte a menos que nosotros hayamos superado el miedo a morir. Y, ¿quién de nosotros ha superado completamente el miedo a la muerte? Por eso, lo mejor que la mayoría de nosotros podemos hacer es simplemente sentarnos junto a la persona e intentar realmente escucharla, sin juzgar y sin querer cambiar su proceso. Es muy difícil hacerlo.

Amma nos los explica. "Hay cuatro maneras de mejorar el intercambio de ideas: leer, escribir, hablar y escuchar. Desde la infancia, nos han enseñado las tres primeras disciplinas. Sin embargo, no hemos recibido demasiada formación para escuchar. Por eso, muchos de nosotros escuchamos mal. De hecho, Dios nos ha dado dos orejas y una boca. Hay que estar dispuestos a escuchar el doble de lo que hablamos. Ahora hacemos lo contrario. Hablamos sin parar y no estamos dispuestos a escuchar".

La forma en que escuchamos las palabras de una persona que va a morir es muy importante. Podemos intentar reconocer las emociones que oímos detrás de las palabras de la persona. Después podemos sencillamente reflejarle la emoción que creemos haber oído. Cuando se ha practicado, esta técnica es realmente muy fácil y también puede utilizarse en la vida diaria, siempre que alguien venga a hablar con nosotros de algo importante. Podemos empezar dejando de hacer lo que estamos haciendo, prestándole a la otra persona toda nuestra atención, escuchando con todo nuestro ser y después reflejándole las emociones que oímos. Si lo hemos entendido mal, la persona nos lo hará saber. Hay que tener cuidado de no intentar apaciguar o cambiar los sentimientos que la persona pueda estar experimentando en ese momento. Nuestro objetivo es escuchar y dar posibilidades, no juzgar. Eso es decisivo.

Vocabulario emocional

Las personas, estén sanas o en el proceso de morir, quieren que se las escuche. La mejor manera de escuchar es tratando de reconocer las emociones que hay detrás de sus palabras. Muchas personas tienen un vocabulario emocional muy limitado. El siguiente es un diálogo con una mujer que no dispone de muchos recursos para describir su vida emocional.

Diálogo número 4: Vocabulario emocional limitado
Visitante: ¿Cómo estás?
Paciente: Bueno, es difícil.

Visitante: ¿Qué es difícil? *[La visitante le sonríe y le toca el brazo]*

Paciente: Estar lejos de mi familia.

Visitante: ¿Te sientes sola?

Paciente: Sí.

Visitante: ¿Cómo te sientes cuando estas separada de tu familia?

Paciente: No me gusta.

Visitante: ¿Me puedes hablar más sobre eso?

Paciente: Somos una familia muy... unida. Somos... honrados y... morales.

Visitante: Parece que estás muy orgullosa de tu familia...

Paciente: Lo estoy.

Visitante: ¿Y cómo te sientes al estar lejos de ellos?

Paciente: Triste.

Visitante: ¿Puedes hablarme de ellos?

Paciente: Sí. Nos queremos mucho. Mis hijos son todos… buena gente. Me siento separada de ellos.

Visitante: ¿Crees que es porque estás en el hospital?

Paciente: No, lo siento todo el tiempo. Será… triste cuando no estemos juntos.

Visitante: ¿Quieres decir si alguien muere?

Paciente: Sí. Es duro cuando alguien muere.

Visitante: Sí, lo es. *[Pausa]* ¿Estás hablando de tu propia muerte?

Paciente: Sí.

Visitante: ¿Qué hará que tu muerte sea dura?

Paciente: Los dejaré… No creo que pueda dejarlos.

Visitante: Los echas mucho de menos cuando no estás con ellos.

Paciente: Sí. Estamos tan unidos... Nos queremos.

Visitante: ¿Cómo te sientes cuando piensas en tu muerte? *[La visitante le acaricia suavemente la frente]*

Paciente: Triste.

Cuando al paciente le resulta difícil hablar de sus sentimientos, es mejor intentar evitar las preguntas de sí y no, porque por su propia naturaleza no permiten mucha elaboración o descripción, especialmente si la persona tiene un vocabulario emocional limitado. Al cabo de un rato se puede uno empezar a sentir como un periodista que solo está haciendo una pregunta tras otra.

Mientras escuchamos a nuestro amigo o a nuestro ser querido, podemos prestar atención para ver si expresa cualquier necesidad. Pueden ser necesidades prácticas e inmediatas, como beber agua, o emocionales, como necesitar un entorno seguro donde poder llorar. Durante todo el proceso, podemos preguntarnos constantemente: "¿Puedo satisfacer alguna necesidad que tenga esta persona?"

También podemos simplemente reflejar lo que oímos. Escuchar sin juzgar y prestar toda nuestra atención a la otra persona es todo lo que espera de nosotros. No vamos a conseguir que todo el dolor desaparezca, ni vamos a resolver todos sus problemas; pero cuando le reflejamos a una persona lo que está sintiendo, le permitimos sentirse comprendida. Esa necesidad de ser comprendidos es muy profunda en nosotros. Cuando esa necesidad se satisface, nos sentimos muy reconfortados y consolados.

Centrarse en el paciente

"Amma desea intensamente que todos sus hijos se vuelvan tan puros que difundan luz y amor a quienquiera que encuentren. Este mundo no necesita predicadores, sino ejemplos vivos".

—Amma

Cuando estamos con alguien que va a morir, nunca hay que predicar o dar un sermón, y ni siquiera hablar sobre nuestro propio sistema de creencias. Nuestras prácticas y creencias espirituales son para nosotros, para apoyarnos y sostenernos antes y después de la visita al moribundo. Así es como le damos sentido al sufrimiento o "lo soportamos".

Por ejemplo, evitamos decirle cosas como "tú no eres el cuerpo", "todo es la gracia de Dios" o "es tu *karma*" a una persona que está sufriendo. Cuando decimos algo así, casi podemos oír los pensamientos de la otra persona: "Para ti es fácil decirlo. Tú no eres quien tiene que pasar por esto".

Aunque podamos compartir esos sentimientos y ofrecerlos con la mejor de las intenciones, solo hacen que aumente el sentimiento de separación del paciente. Aunque ambos tengáis las mismas creencias espirituales o religiosas, no hay que dar nada por supuesto. Cada uno tiene una relación única con la vida. Por eso, todos tenemos una filosofía diferente sobre asuntos delicados como la enfermedad y la muerte.

Si alguien a quien estamos visitando nos pregunta con sinceridad por nuestra fe, podemos permitirnos compartir abiertamente nuestra forma de vivir. Es bueno pedirle después al paciente que comparta sus creencias y su forma de vivir. Nunca sabemos cuándo los pacientes pueden estar interesados en oír perspectivas diferentes. De hecho, buscar otras perspectivas y hablar sobre sus propias opiniones puede ayudarles a aclararse sobre las creencias que más les pueden ayudar en su situación actual.

Durante nuestras visitas hay que hablar del aquí y ahora, preguntar a los pacientes cómo están, como se sienten, etc. Intenta mantenerte enfocado en la situación actual. Podemos hacer preguntas como: "¿Qué es lo más difícil de todo esto para ti?" No hay que visitar a alguien y empezar una conversación como: "Entonces, ¿cómo fue crecer en Detroit en los sesenta?" La primera pregunta aborda los sentimientos del paciente ahora, en el presente. La última pone el énfasis en el pasado.

Aun así, si, por ejemplo, una persona con cáncer inicia una conversación diciendo: "Llevo una semana pensando en mi tía Tilly de Tennessee", eso es distinto. Le podemos preguntar: "¿Qué es lo que has estado pensando exactamente sobre ella?" Y quizá descubras que su tía había muerto de cáncer. Es muy distinto si el paciente saca un tema nuevo que parezca no estar relacionado. Debemos seguir cualquier asunto que plantee. En general, nuestra capacidad de escucha cambia cuando nos sentamos con alguien que va a morir. Nuestra escucha se vuelve más atenta y sincera.

Cuando miramos a Amma y cómo ayuda a la gente, podemos ver que nunca se centra en sí misma. Siempre se centra en la persona que ha acudido a Ella.

De hecho, Amma dice que, en cierto sentido, Ella funciona como un espejo que refleja las emociones y el estado mental de las distintas personas que acuden al *darshan*.

Cuando la gente que viene a Amma está triste, Ella les refleja esa pena. Cuando está contenta, refleja su alegría. Comprendiendo y reflejando sus emociones, Amma le da una sensación tremenda de apoyo a la gente. Por fin sienten que alguien los conoce, que alguien los comprende. Las personas obtienen muchísimo consuelo y fuerza de esa sensación de ser comprendidas.

En la habitación

"Hijos, aprended a estar relajados en todas las situaciones. Hagáis lo que hagáis y estéis donde estéis, relajaos y veréis lo poderoso que es. El arte de la relajación saca el poder que existe en vuestro interior; mediante la relajación podéis experimentar vuestras infinitas capacidades. Es el arte de calmar la mente y centrar todas las energías en el trabajo que estáis haciendo, sea cual sea. Así, seréis capaces de expresar todo vuestro potencial. Cuando aprendéis ese arte, todo sucede espontáneamente y sin esfuerzo".

—Amma

Puedes preguntarte por qué es importante ser consciente de las diferencias entre los hombres y las mujeres, de los cambios que se producen en una persona a la que se le ha diagnosticado una enfermedad grave, la tendencia a enfadarse de un paciente, etc. Cuanto mejor comprendamos la situación, más relajados estaremos. Estar en presencia de una persona relajada y tranquila ayuda a los demás a estar relajados y tranquilos. Por eso, cuanto más relajados estemos, más relajada se sentirá la persona a la que estemos visitando, y eso tendrá sin duda un efecto positivo. Una de las razones por las que sentimos tanta paz en presencia de santos como Amma es por el nivel de paz que experimentan sus mentes. La paz de su mente es tan poderosa que crea un efecto similar en nuestra mente, algo no muy diferente del fenómeno de la vibración empática.

¿Te sientes cómodo estando en silencio? Es una pregunta importante porque habrá muchos momentos de silencio cuando te sientes con una persona que va a morir. Puede estar demasiado débil físicamente para hablar o puede estar más pensativa que de costumbre.

De hecho, muchos de nosotros hablamos sobre todo para llenar el silencio. Mientras experimentamos el ambiente silencioso de alguien que va a morir, podemos entender y ver mejor el valor de las enseñanzas de Amma sobre el silencio: "Hijos, hablad menos y solo cuando sea absolutamente necesario. Cuando digáis una palabra, decidla con mucho cuidado, porque un buscador o un devoto no deben decir cosas sin sentido, ni una sola palabra".

Tomarse tiempo para estar en soledad también nos ayuda a sentirnos más cómodos con el silencio. Eso no significa que tengamos que irnos a vivir a un bosque. Podemos practicar estar en silencio en una biblioteca donde puede haber mucha gente a nuestro alrededor, pero no hay comunicación, o dando un largo paseo solos... sin teléfono móvil. Eso nos preparará también para nuestro propio futuro, porque cuando envejezcamos o estemos enfermos nuestra interacción con el mundo disminuirá. Si no estamos acostumbrados a estar a solas con nuestro cuerpo y nuestra mente, más adelante podemos sentirnos muy solos, temerosos o deprimidos.

Todos queremos dar soluciones a los demás cuando oímos sus problemas, incluso antes de que las pidan. Escuchar pacientemente, sin interrumpir, es una gran forma de autodisciplina, un ejercicio de autodominio. Siempre tendemos a comentar, o peor aún, a competir con ellos, apresurándonos a contar nuestra experiencia que es mayor o mejor.

¿Te sientes cómodo cuando otra persona está llorando? Una vez, una amiga mía estaba sentada con una amiga que se estaba muriendo. De repente la moribunda se puso a llorar. En lugar de limitarse a dejarla llorar discretamente sin decir nada, intentó consolarla y le preguntó:

—¿Por qué lloras?

La mujer dejó de llorar inmediatamente y no respondió. Si alguien se pone a llorar en medio de una conversación, podemos decir algo como: "Veo que eso te afecta mucho. ¿Quieres hablar sobre ello?" Puede no querer. Puede decir "no" y seguir llorando. No pasa nada; nuestro trabajo es sentarnos silenciosamente con ellos, solo para estar allí con la persona.

No intentes saberlo todo y no te presiones para decir todas las cosas adecuadas. No es posible. Limítate a presentarte allí y mantener el corazón abierto. Si esa es nuestra intención,

el paciente lo notará. No busques pruebas de que tu presencia tiene un efecto profundo o positivo. Si realmente no puedes saber lo que tu amigo o familiar moribundo necesita, intenta ponerte en su lugar y pregúntate: "Si esto me estuviera sucediendo a mí, ¿qué querría o necesitaría ahora mismo de un amigo o de una visita?".

La esperanza es una cualidad que siempre está cambiando. Al principio, la mayor parte de los pacientes esperan que el diagnóstico esté equivocado. Después, lo que se espera es que el tratamiento tenga éxito. La esperanza puede cambiar de nuevo hacia algo como: "Espero que mi marido pueda ocuparse de los niños sin mí". Finalmente, puede ser: "Lo único que espero es irme rápidamente". En lugar de suponer que el paciente ha perdido la esperanza, podemos simplemente preguntarle: "¿Qué es lo que esperas ahora?" Esa clase de preguntas nos traen al momento presente. Entonces podemos hablar de las esperanzas actuales, pasando de "la esperanza general" a "la esperanza en el momento".

También podemos situar la esperanza en otro contexto. Las personas que padecen una enfermedad, en especial si es durante mucho tiempo, a veces se esfuerzan por mantenerse animadas. La depresión puede deslizarse muy lenta e insidiosamente y afectar su vida diaria. Podemos no darnos cuenta de que nuestras visitas las ayudan a sentirse formando parte de la vida y, en un nivel sutil, les dan esperanza, al menos por el momento.

La culpa

"*No reacciones frente al pasado. En una reacción hay fuerza y agresión. La reacción crea más turbulencias en la mente y el mismo pensamiento que estás tratando de olvidar surgirá con mucha más fuerza. Reaccionar es luchar. Luchar contra las heridas del pasado solo hará que se vuelvan más profundas. La relajación, y no la reacción, es el método que cura las heridas de la mente*".

"*Con solo darte cuenta de tu mala acción te has liberado de ella. Ya has sido perdonado. El dolor que has sufrido es más que suficiente para borrar el pecado. Las lágrimas del arrepentimiento borran*" *cualquier pecado... De ahora en adelante no debes llevar ese peso en la mente. Olvídalo y quédate en paz".*

—Amma

Cuando una persona está gravemente enferma tiene mucho tiempo para pensar en el pasado. La culpa o el remordimiento aparecen a veces en personas que se están enfrentando a la muerte. Pueden necesitar expresar sus remordimientos o incluso confesar alguna mala acción, o revelar un secreto que se han estado guardando mucho tiempo. Normalmente, el paciente solo quiere que alguien le escuche y sea testigo de su historia. Si, por ejemplo, alguien se siente culpable por haber hecho algo hace veinte años de lo que ahora se arrepiente, podemos preguntarle: "En aquel momento, en esas circunstancias, ¿hiciste lo mejor que pudiste?" Y, normalmente, la persona se da cuenta de que sí, de que hizo lo mejor que pudo. Ese descubrimiento les ayuda a perdonarse a sí mismos. En ese momento intentemos escuchar con un corazón abierto algo que puede ser bastante doloroso para el paciente.

Los temas de fe también suelen plantearse ante una enfermedad terminal. Muchas personas se preguntan casi inmediatamente qué es lo que han hecho mal para merecer esa enfermedad o si Dios está enfadado con ellas. Si alguien nos pregunta algo como: "¿Por qué me está castigando Dios?", podemos iniciar una conversación preguntando: "¿Puedes decirme algo más sobre tu relación con Dios?"

Como se muestra en el siguiente diálogo, la culpa puede expresarse de distintas maneras. La persona que está muriéndose puede sentir que su relación con Dios está siendo puesta a prueba, y quizá sienta que no puede hablar con libertad delante de su cuidador, o que es una carga para sus seres queridos.

Diálogo número 5: La culpa y asuntos relacionados con la fe
Visitante: Hola.
Paciente: *[Al marido]* Bob, ¿puedes salir un rato para que podamos hablar?
Visitante: ¿Cómo estás, Rosa?
Paciente: Bueno, hoy me han operado tres veces. Ha sido realmente duro. Varias veces he sentido que quería tirar la toalla. He rezado de verdad. A veces he perdido la fe. Ahora parece que estoy mejor y me siento mal por no haber creído que Dios estaba conmigo o que me escuchaba.
Visitante: En esos momentos difíciles, ¿te sentiste desanimada o incluso enfadada con Dios?

Paciente: Sí. *[Pausa]* Nunca podré contárselo a mi madre. Tiene tanta fe… Siempre está diciendo: "Dios se ocupa de todo".

Visitante: ¿Y en tu caso a veces no lo parece?

Paciente: Exacto. *[Pausa]* Tiene una fe total.

Visitante: ¿Cómo es una fe total?

Paciente: Mmmm… Supongo que alguien que nunca se preocupa, alguien que acepta por completo todo lo que le pasa. *[Se ríe]* Tienes razón; supongo que en realidad nadie tiene una fe total. *[Larga pausa. La cara de la paciente se llena de tristeza]*

Visitante: ¿Te sientes triste ahora?

Paciente: *[Rompe a llorar]* Sí.

Visitante: *[Al cabo de un ratito]* ¿Por qué te sientes triste?

Paciente: Mi familia, mis hijos, Bob... me siento tan mal porque tengan que pasar por esto... Se preocupan mucho y están llamando todo el tiempo. Y él es un marido tan bueno... Nadie ha podido tener nunca un marido como él. No se queja nunca. Ninguno de ellos lo hace. Son todos maravillosos.

Visitante: ¿Sientes que eres una carga para ellos?

Paciente: Sí. Normalmente soy yo la que siempre cuida a todos los demás.

Visitante: Parece que ha habido un cambio de papeles y que no te sientes cómoda con ello.

Paciente: Sí, eso es.

Visitante: ¿Te cuesta pedir ayuda?

Paciente: Sí. Nunca he tenido que hacerlo hasta ahora. ¿Te acuerdas?, tuve

que ayudar a cuidar de mi madre. Sé
que a veces puede ser duro.

Visitante: ¿Y quieres ahorrárselo a tu
familia?

Paciente: Sí, pero ahora necesito ayuda.

Visitante: Ahora tú estás en la parte
que recibe en lugar de en la que da. Te
resulta difícil, ¿verdad?

Paciente: Sí.

Desde el principio, la paciente explica su
situación. Ha pasado por tres operaciones:
eso es mucho. Cuando oigamos a alguien
describirnos una experiencia grave como
esa, tenemos que comprenderlo realmente y
preguntarnos: "¿Cómo me sentiría después
de tres operaciones?" También es interesan-
te apuntar que la visitante no verbalizó sus
propios sentimientos durante la visita. En
cambio, hizo preguntas de tal manera que
le permitió al paciente expresar su propia

realidad: protección del esposo, fe, esperanza, cambios en el estilo de vida y sentirse una carga.

La despedida

Saber que tu muerte es inminente es un regalo, aunque pueda suponer dolor. Cuando la gente muere de repente no tiene ocasión de despedirse de nadie.

Suele haber al menos cinco cosas que todo moribundo quiere oír:

"Gracias"

"Por favor, perdóname"

"Te perdono"

"Te quiero"

"Adiós"

Cada persona puede expresar esos sentimientos a su manera. Para algunos pueden salir en la misma conversación, que puede ser la única oportunidad que tengan de expresarlos.

Cuando mantenemos una conversación así es bueno recordar que hay que mantener las cosas en el lado positivo. Las personas que van a morir pueden mencionar situaciones del pasado en las que quizá hayan cometido un error o habernos hecho algo que lamentan. Esa es su forma de pedirnos perdón. No les detengas y les digas: "No pasa nada. Está todo olvidado". Déjales que digan lo que tengan que decir. Limítate a escuchar. Si es adecuado, cuando acaben de expresar lo que necesiten expresar podemos decir: "Te perdono por ello".

No hay que sacar recuerdos negativos. Hay que celebrar la vida de los que están muriéndose y hablar de sus virtudes y sus logros positivos. Queremos que se sientan satisfechos con su vida y ayudarles a morir sin culpa ni sentimientos negativos. Recordar a las personas sus buenas cualidades en el momento de la enfermedad y la muerte es como regar o alimentar a una planta. Hay que ayudar a florecer su corazón. De lo contrario, el aspecto negativo de la mente puede ahogarlos y provocar sentimientos de depresión, tristeza y pesar.

La Madre Teresa cuenta una historia que revela la importancia del perdón en el proceso de la muerte. "Hemos sido creados para amar y ser amados. Un joven se estaba muriendo, pero durante tres o cuatro días luchó para prolongar su vida. La Hermana le preguntó:

"—¿Por qué sigues luchando?

"—No puedo morirme sin pedirle perdón a mi padre —respondió.

"Cuando su padre llegó, el joven le abrazó y le pidió perdón. Dos horas más tarde, murió en paz".

Después de que la tía abuela de una amiga mía muriera, ella contó su experiencia:

"Me sentía muy cerca de mi tía, pero hacía años que no la había visto porque vivía en una granja en África y yo vivía en Estados Unidos. Mi tía tenía un enfisema después de décadas fumando mucho. Le escribí y le dije en la carta que cada vez que oía el arrullo de una paloma me acordaba de ella y de algunos de los recuerdos más felices de mi infancia, porque en la granja de mi tía había muchas palomas arrullándose.

"Muchos meses después, estaba sentada en mi piso cuando oí un sonido en la ventana: era el sonido de una paloma arrullando y batiendo las alas muy deprisa. Me acerqué a la ventana y abrí con cuidado la persiana. Había una paloma revoloteando a unos centímetros de la ventana, batiendo las alas para permanecer allí. Me sorprendió porque no podía recordar haber visto nunca a ninguna paloma en la zona del edificio. Poco después sonó el teléfono con el mensaje de que mi tía acababa de morir.

"Me sentí consternada; pero tres días después tuve un sueño que me hizo sentir en paz. Estábamos en algún lugar en el campo, en un pequeño camino de tierra entre bellos campos verdes y árboles frondosos. Yo estaba de pie en el camino y mi tía estaba en el asiento trasero de un coche que empezaba a alejarse. Le dije a mi tía que la quería. Mientras el coche se alejaba, mi tía me miró por la ventana trasera y dijo:

"—Te quiero".

Aunque no puedas estar con alguien en el momento de su muerte, un sueño como ese puede significar que la persona viene a despedirse de la única forma que puede.

Tener un "orden del día"

Cuanto más apegados estemos a nuestro ser querido, mayor será nuestro "orden del día". Por ejemplo: vamos en coche al hospital después de haber visitado antes a nuestra hermana que está ingresada allí. De camino pensamos: "¡Puf! En esa habitación faltaba aire fresco. Voy a subir las persianas y abrir las ventanas. Puede que ponga un incienso. Tengo música clásica bonita que voy a poner. Voy a leerle las escrituras y quizás le dé un masaje en los pies. Le voy a llevar unos bonitos crisantemos".

Todo son ideas maravillosas; pero quizá no nos demos cuenta de que debido a los tratamientos nuestra hermana está muy sensible a la luz y a los olores. Prefiere los Beatles y Led Zeppelin a la música clásica. Es alérgica a los crisantemos y le encantaría leer la revista ¡Hola! porque se siente completamente aislada y desconectada de lo que sucede en el mundo. Por eso, siempre hay que preguntar, preguntar y preguntar lo que a ella le gustaría.

Por lo general, cuanta más confianza tenemos con el paciente menos pensamos en preguntarle. De alguna manera, nos sentimos más libres para imponer nuestras preferencias a nuestros seres queridos. Debemos recordar que la persona que se está muriendo tiene ahora muy poco control sobre su vida. Por eso, hay que darle posibilidades ofreciéndole tantas opciones y tanta libertad como sea posible. Si la sacamos de quicio, no puede irse.

El simple hecho de que el paciente se vea forzado a estar en la cama crea una circunstancia en la que se encuentra a merced de los demás. Cuando entramos en una habitación y, sin preguntar, hacemos las cosas que suponemos que la paciente quiere, la estamos dejando impotente. Estamos agravando sus sentimientos de indefensión y falta de control.

Mientras cuidaba a mi padre, experimenté muchos ejemplos de lo que es tener un "orden del día". A los cuarenta y nueve años le diagnosticaron un cáncer de pulmón inoperable en fase cuatro. Como el tumor estaba en un nervio, tomaba medicamentos contra el dolor increíblemente fuertes. Me parecía que tenía que aumentar la dosis casi a diario. Eso me perturbada mucho, porque él había tenido adicciones y temía que se estuviera haciendo adicto a los medicamentos para el dolor.

Mirando hacia atrás, aunque no era consciente de ello en aquel momento, también tenía miedo de perder a la persona que conocía como mi padre. Su aguda inteligencia, su ingenio, su forma de ser risueña estaban enturbiándose y poco a poco iba perdiendo la personalidad a la que estaba tan apegada. No estaba dispuesta a dejarle ir.

Un día, dos meses después de haber empezado a cuidarle, me pidió su medicina y pensé: "En lugar de tres pastillas de morfina, le voy a dar dos y una de vitamina C". Cuando le llevé las pastillas, vio inmediatamente lo que había hecho. Me miró y me dijo:

—¿Qué haces? ¿Crees que tomo tantas medicinas por gusto?

Los dos nos pusimos a llorar.

Esa historia muestra cómo pueden cegarnos nuestros apegos. Siempre que pensemos "yo sé lo que es mejor" o que pensemos que estamos haciendo algo que es lo mejor para el paciente, tenemos que examinar cuidadosamente nuestros motivos. Mi acción fue muy egoísta porque no podía aceptar los cambios que estaban produciéndose tan rápidamente; no estaba preparada para perder a mi padre.

Lo ideal es que justo después del diagnóstico intentes mantener una conversación con el paciente que aborde asuntos como: "¿Qué podemos hacer para que estés más cómodo?", o "¿cuánto tiempo necesitas estar a solas?" Presta mucha atención a sus preferencias y costumbres; ¿está rodeado de libros o está constantemente hablando por teléfono? También, pregúntale clara y directamente al paciente qué es lo que quiere a lo largo de todo el proceso.

Muchas personas de todas las creencias piensan que es muy importante pensar en Dios o en el *guru* en el momento de morir. Si tu ser querido tiene fe o es un devoto, pregúntale lo que quiere exactamente, especialmente en el momento de la muerte. ¿Cómo se les puede recordar más fácilmente a Dios? ¿Qué práctica diaria o qué meditación realizan?

Qué hacer y qué no hacer

Siempre debemos intentar no decir cosas como "no te preocupes, todo va a ir bien" o "siempre hay algo positivo".

Una vez estaba en la sala de urgencias en mitad de la noche. Se había producido un accidente de tres coches con muchos niños implicados. Una familia de cuatro chicos acababa de ver morir a su madre. Había salido despedida por el parabrisas. Estaba consolando a un niño de once años, abrazándole mientras lloraba. En un determinado momento, le dije:

—Todo va a ir bien.

Se apartó de mí, me miró a los ojos y dijo:

—No, no va a ser así.

Después de una pausa, le dije:

—Tienes razón, puede que nunca vuelva a ir bien.

Un niño de once años tuvo que enseñarme a no decir algo tan anodino, irreflexivo y dudoso. Si alguien te dice "estoy asustado" y tú sinceramente no sabes qué decir, y si también lo sientes así, sé sincero y di: "yo también estoy asustado". Responder de esa manera sincera crea una conexión.

Por lo general es mejor no dar consejos. Sin embargo, si nuestro ser querido está sopesando una decisión importante sobre su salud y su tratamiento y si está lúcido y es capaz de decidir por sí mismo, es importante hablar con él de las diferentes posibilidades.

Por ejemplo: la paciente puede decirnos: "Estoy agotada. Llevo dos años haciendo esto. El cáncer ha vuelto. No sé si puedo soportarlo más. Mi médico quiere que haga

otra ronda de quimioterapia". Podemos
responder: "Parece que tienes que tomar
una decisión difícil. En tu vida, cuando has
tenido que tomar decisiones muy difíciles,
¿cómo lo has hecho?". Si la persona dice:
"Recé y me senté tranquilamente un buen
rato" o "hablé de ello con mi mejor amiga",
podemos animarle a hacer lo mismo en este
caso. De esa manera, llegamos juntas a una
solución; no solo le decimos a alguien lo que
tiene que hacer.

Conectar

"Hijos, esa compasión que sientes por los que sufren les dará por sí misma paz; y, además, ensanchará vuestros corazones. Hay que tener empatía con los que sufren".

—Amma

Pueden llamarte para ayudar a una persona que se está muriendo con la que tienes poco en común. A tu hermano o tu hermana, o incluso a tu madre o tu padre, de los que puedes haberte distanciado, les pueden diagnosticar de repente una enfermedad terminal.

Una vez visité a una mujer, Diane, que necesitaba desesperadamente un trasplante de hígado. Era una adicta a la heroína en recuperación, y en cuanto empecé a hablar con ella rompió a llorar. Estaba desolada porque había tenido que deshacerse de sus gatos. Tenían demasiados gérmenes y, con su sistema inmunológico debilitado, en su casa no podía exponerse a ellos. Para ser sincera, tuve que realizar un gran esfuerzo para ser paciente, ya que durante casi una hora solo me habló de esos gatos; pero mientras la escuchaba me enteré de que sus abuelos, a los que adoraba y que la habían criado, habían tenido gatos. Para ella, los gatos simbolizaban el amor. No tenía a nadie más en su vida a quien amar, aparte de los gatos, y por eso estaba destrozada.

Visité a un veterano de Vietnam llamado Roy que estaba loco por el NASCAR (carreras de coches de serie) y tenía una Harley Davidson. Su única vida social consistía en jugar al póquer una vez al mes con unos amigos. Yo no tenía absolutamente nada en común con ese hombre. Nunca había ido a una carrera de coches y, para ser sincera, el hombre me daba miedo; pero me di cuenta de que nunca lo visitaba nadie, y eso me animó a seguir llamando a su puerta. Quería servirle, así que tenía que intentar encontrar una manera de conectar con él.

Después de un par de visitas en las que me enteré de aquellas cosas, fui al centro de recursos para voluntarios del hospital y me llevé un par de números de *Mecánica Popular*, algunas revistas de carreras de coches y una baraja. En mi siguiente visita, le di las revistas y jugamos al póquer. En ese caso, era la mejor manera que tenía de conectar con él y llevarle algún consuelo. A veces tenemos que ampliar nuestra definición de lo que es espiritual. Llevarle a alguien las escrituras o música religiosa puede no ser lo más adecuado para ellos. Estamos para reconfortar a la persona, no a nosotros mismos.

Una vez más, Amma es el ejemplo perfecto de esa cualidad. Se encuentra con cada persona allí donde se encuentra, en su situación vital particular. Cuando se reúne con estudiantes, se vuelve una estudiante, se relaciona con ellos en su nivel y nunca rechaza sus preocupaciones o preguntas. Lo mismo sucede con los indios, los occidentales, los seglares, los monjes, los niños, los profesionales o las personas sin hogar. Amma tiende puentes espontáneamente y sin esfuerzo, haciendo sentir a las personas que es una de ellas y que las comprende independientemente de su idioma o de las diferencias culturales.

Señales

A veces los que van a morir nos dan señales o símbolos. Por ejemplo, pueden decir: "Anoche he tenido un sueño. Estaba haciendo el equipaje para irme de viaje, pero no encontraba el pasaporte". Eso puede ser una señal de que intentan decirnos que van estando preparados para irse. Quizá ni siquiera lo sepan conscientemente. Podemos preguntarles: "¿Qué crees que significa ese sueño?", lo que a su vez podría iniciar toda una conversación que la persona quería mantener sobre la muerte, pero que no sabía cómo plantear.

Elisabeth Kübler-Ross dice: "Es importante que aprendamos el lenguaje simbólico que usan muchos de nuestros pacientes cuando no pueden afrontar su confusión y todavía no están dispuestos a hablar abiertamente de la muerte y el morir. A veces emplean un lenguaje oculto cuando no están seguros de la respuesta de su entorno o cuando los miembros de su familia tienen más miedo y ansiedad de los que ellos mismos experimentan"[4].

No podemos suponer que va a haber una próxima vez.

Una vez fui a visitar a un paciente que se llamaba José. Era un latino que tenía SIDA, leucemia y cirrosis hepática. Le había hecho tres o cuatro visitas y teníamos una buena conexión.

Aunque estaba en la unidad de cuidados intensivos, cuando llegué estaba sentado, comiendo y hablando con un amigo. Como

---

[4] Ross, página 17

tenía visita, no me quedé mucho tiempo. Cuando llegué a la puerta para irme, me dijo:

—Te quiero.

Como solo éramos conocidos, me pareció un poco raro. Solo me volví, le sonreí y me fui. Murió esa misma noche.

Más tarde me di cuenta de que estaba intentando despedirse de mí. Debería haber vuelto a entrar en la habitación, haberme acercado a la cama, haberle tomado la mano y haber dicho: "Yo también te quiero. Adiós". En realidad, yo fui la que salió perdiendo. Me perdí estar ahí para esa bella y expresiva persona y ahora nunca volveré a tener esa oportunidad. No des por descontada tu siguiente visita.

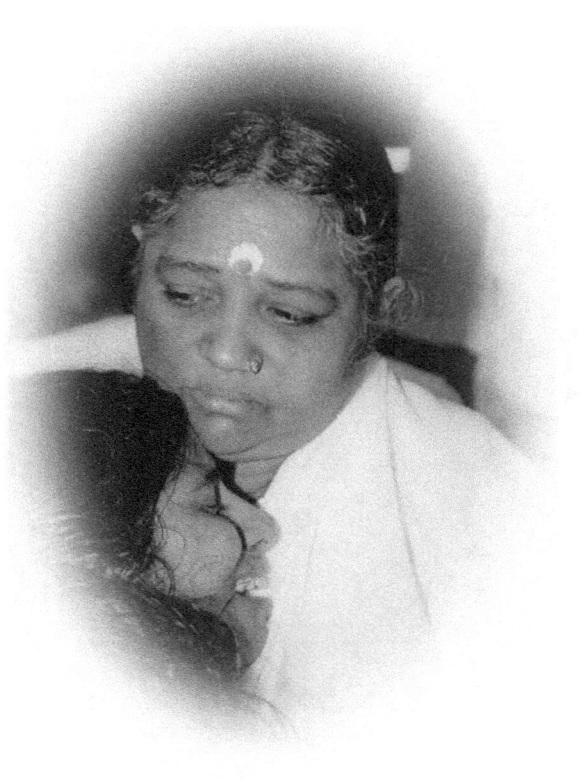

La muerte

"La muerte es un arte que hay que aprender y practicar. Solo puede practicarse abandonando el ego. Solo puede aprenderse practicando meditación. Solo cuando nos demos cuenta de la inevitabilidad de nuestra propia muerte, sentiremos la urgencia de buscar la paz interior y la verdadera felicidad".

—Amma

El proceso de morir

"Si murieras encontrándote en un estado de meditación profunda, sería una muerte con la que no volverías a nacer de nuevo. La meditación nos salva de toda clase de agitación. Para meditar no hace falta creer en Dios. Es posible imaginar que uno se está fundiendo con el Infinito igual que un río se funde con el mar. Ese método ciertamente ayuda a librarse de la agitación".

—Amma

Cuando una persona entra en las últimas etapas del proceso de morir, hay dos dinámicas diferentes en marcha. Físicamente, el cuerpo inicia la experiencia final de dejar de funcionar, cuya culminación es la cesación de todo funcionamiento de los sistemas físicos. La otra dinámica del proceso de morir tiene lugar en el plano emocional-espiritual-mental, porque el espíritu de la persona que está muriendo inicia el proceso final de soltarse del cuerpo y de su entorno inmediato.

"Muerte activa" es una expresión que se usa para describir el estado de los que han iniciado el proceso de morir. Suele ser un proceso que va desde una o dos semanas antes de la muerte hasta el momento de la muerte propiamente dicha. Por lo general, significa que los pacientes han dejado de comer y beber. A veces se produce una sensación palpable de que se están retirando hacia sí mismos. Algunos pueden perder el interés por los periódicos y la televisión. Pueden haber dejado de desear salir de casa o incluso de su habitación. Su atención se vuelve hacia el interior mientras concentran su energía en morir, en separarse de este mundo. Pueden perder y recobrar la conciencia. Emocionalmente, una persona que se está muriendo puede apartarse gradualmente de sus amigos y sus conocidos hasta que solo quede un pequeño círculo de personas.

En este período pueden producirse algunos fenómenos comunes: más tiempo durmiendo, cambios en la circulación, cambios en la respiración, menor necesidad de comida y bebida, tener frío o tener fiebre, inquietud o agitación. También puede haber un estallido de energía antes de morir: la persona que se está muriendo puede estar más alerta y decir o comer cosas que hasta poco antes no podía.

En esos momentos, nosotros, como visitantes, podemos hacer mucho para mantener un ambiente tranquilo a su alrededor.

Nuestros seres queridos pueden hablar menos a medida que la muerte se acerca. Acuérdate de emplear el tacto. Cuando las palabras pierden su importancia, un contacto suave puede tranquilizar al moribundo haciéndole ver que está siendo cuidado y amado.

Si la persona tiene muchos parientes o amigos, o si, por ejemplo, aparece un antiguo marido perdido de vista hace mucho, se puede producir una gran conmoción. Desgraciadamente, cuando alguien enferma, las personas que están presentes no se vuelven santas de la noche a la mañana. De hecho, a menudo los rasgos negativos de la personalidad se exageran más. Si las relaciones entre los miembros de la familia ya eran delicadas, con frecuencia se vuelven aún más tensas. Cuando están estresadas, las personas sucumben a la mezquindad y a la envidia y a menudo actúan inconscientemente.

Si surge una situación en la que hay una conversación en voz alta o incluso una discusión en la habitación y el paciente está despierto, le podemos preguntar: "¿Te parece bien este ambiente? ¿Te sentirías mejor si viniéramos de uno en uno a pasar un rato contigo? ¿Qué te relajaría más?" Una vez más, no debemos asumir el mando y echarlos a todos de la habitación; pregunta a la persona que se está muriendo qué es lo que quiere.

A veces tenemos que salir en defensa de una persona que está inconsciente diciéndoles con amabilidad, pero con firmeza, a los familiares: "¿Podríais seguir esta conversación fuera?"

La investigación demuestra que las personas inconscientes a menudo pueden seguir oyendo lo que pasa a su alrededor. Por eso, solo debemos hablar de cosas positivas. Si la persona está inconsciente, una forma de estar con ella es sentarse en silencio junto a la cama y simplemente respirar a la vez que ella. Cuando inspire, inspiras; cuando expire, expiras, etc. Esta suele ser una experiencia tranquila y relajante para nosotros como visitantes y nos conecta con nuestro ser querido.

A veces hay que convertirse en defensor de los pacientes al tratar con su familia o con el personal del hospital. Podemos sentirnos incómodos hablando o haciendo preguntas a los médicos, las enfermeras o a la madre o el padre del paciente. No seas agresivo, pero, si parece que alguien no está colaborando, es buena idea investigar a qué se debe.

Hace unos años, Kate, una amiga mía, fue a visitar a su tío al hospital. Había sufrido un grave derrame cerebral. Antes ya había tenido algunos derrames menores y padecía epilepsia, por lo que la familia había contratado a una cuidadora. La cuidadora estaba en la habitación cuando Kate entró. Su tío ya no podía ni hablar ni moverse, pero la visita claramente le emocionó. Los ojos se le llenaron de lágrimas. No se habían visto en mucho tiempo. Kate solo quería estar allí con él de una manera cariñosa; pero al cabo de unos minutos, aunque todavía era el horario de visitas, la cuidadora le pidió que se marchara, diciendo que su tío estaba cansado y que no debía recibir visitas. Mi amiga sintió instintivamente que eso no era correcto, pero obedientemente salió de la habitación.

Su tío murió dos días después. Sintió un profundo arrepentimiento por no haberse quedado más tiempo. No tuvo ocasión de despedirse ni de conectar más profundamente con él. Sintió que la mujer le había pedido que se marchara porque quería controlar la situación. Después le pareció que debía haber insistido en quedarse.

Otra cosa que sucede a menudo durante la muerte es la experiencia de una visión. Nuestro amigo moribundo puede afirmar haber hablado con personas que ya han muerto o haber visto a un santo. Pueden decir que están viendo sitios lejanos u otros lugares que nosotros no somos capaces de percibir.

Esas visiones podrían ser la forma en la que naturaleza ayuda a la persona a desapegarse de esta vida y la prepara para la transición que se aproxima. Por favor, no contradigas, busques una explicación, menosprecies o discutas lo que la persona dice haber visto u oído. Solo porque nosotros no podamos verlo u oírlo no significa que no sea real para ellos. Esas visiones son normales y comunes. Si le asustan al paciente, tranquilízale diciéndole esto.

Irse

"La muerte forma parte de la vida. Todos debemos enfrentarnos a ella más pronto o más tarde. Lo importante no es cómo morimos, sino cómo vivimos. Dios nos ha dado libertad para reír y llorar. Aunque estemos rodeados de oscuridad por todas partes, debemos ser capaces de mantener la luz interior encendida. El que nuestros seres queridos hayan muerto no significa que debamos estar siempre apenados. Nuestras escrituras dicen que la muerte es un paso hacia una nueva vida".

—Amma

Si estamos presentes cuando alguien deja el cuerpo, podemos hacer algunas cosas para ayudar a su espíritu a irse o a seguir adelante. Nunca hay que agarrar a la persona y decirle algo como: "¡No me dejes!" Si es posible, podemos colocar la mano suave y dulcemente sobre la cabeza de la persona y hablarle de manera agradable, serena y tranquilizadoramente.

A lo largo de un año, visité a menudo a una familia con gemelos. A uno de los gemelos, James, le habían diagnosticado un tumor cerebral cuando tenía un año. Esta familia pasó un año en el hospital. Me uní mucho con ellos.

Un día, el trabajador social de la planta me dijo que James probablemente moriría en cualquier momento. El personal del hospital trajo al otro gemelo y les hicieron fotos a los dos juntos. Se quedó y jugaron durante una hora; después se marchó. La habitación estaba llena de amigos y familiares. Y así pasamos el día.

Al cabo de once horas su respiración se volvió muy fatigosa. A todos nos resultaba doloroso oír cada una de sus respiraciones. Empecé a preguntarme por qué James seguía aguantando. Se me ocurrió la hipótesis de que quizá, como era un niño de dos años, le diera miedo irse a un sitio nuevo y necesitara el permiso y las palabras tranquilizadoras de su madre. Como yo estaba muy unida con su madre, pensé que podía hacerle una sugerencia. Le susurré al oído:

—Susan, creo que en estos momentos deberías hablar con él. Me parece que tiene un poco de miedo y que realmente necesita tu permiso para irse.

Esa mujer increíblemente valiente, sin derramar una lágrima, tomó en brazos a su hijo de dos años y le dijo:

—Mi vida, es hora de irse. Has luchado muy duro y te queremos. John [el hermano gemelo] estará bien. El abuelo te está esperando. Te quiero y quiero que te vayas.

Murió veinte minutos después.

A veces sucede lo contrario y una persona no quiere dejar irse a su ser querido. Un amigo me contó la siguiente historia:

"Estaba visitando a una conocida que se encontraba muy enferma. A su hijo le estaba costando mucho aceptar su muerte. Decía una y otra vez: "¡No me dejes!" Estaba estresando tanto a los demás familiares y amigos que le invité a salir conmigo. Me quedé con él bastante rato, dejándole llorar y hablar, pero también ayudándole a entender cómo estaba estresando a su madre. Comprendió que tenía que darle permiso para irse, como habían hecho todos los demás, pero en realidad no quería hacerlo. Volvimos adentro y le dijo a su madre que todo iba a ir bien, pero que la iba a echar muchísimo de menos. Murió pocos minutos después, pero él no dejó de llorar. Temblaba al decirle que se fuera. Tuvo que poner todo de su parte".

A veces pensamos que hemos dado permiso o que la persona sabe que la queremos y que vamos a estar bien; pero normalmente el paciente necesita oírlo; en algunas ocasiones más de una vez. Hablar abierta e íntimamente puede resultar muy difícil si no estamos acostumbrados a ese nivel de intimidad o a verbalizar nuestros sentimientos; pero tenemos que encontrar el valor necesario para expresarnos en ese momento por el bien de nuestro ser querido.

A muchas personas que van a morir, sean jóvenes o mayores, hombres o mujeres, les preocupan los que se quedan. A algunos les preocupan asuntos financieros; a otros, emocionales. Alex, la chica de dieciocho años que necesitaba urgentemente un trasplante de pulmón, estaba sumamente preocupada por el efecto que su enfermedad estaba teniendo en su madre. Estaba incluso pensando en el suicidio porque le parecía que su madre no podía soportar más dolor. Para casi todos los moribundos, la ansiedad que sienten por los seres queridos que dejarán atrás es una enorme preocupación.

Respetar las diferencias culturales

En cuanto al respeto a las diferencias culturales, Amma es un gran ejemplo para todos nosotros. Constantemente se relaciona con personas de distintas culturas y razas; sin embargo, a todos les da la misma atención y amor, y no ve diferencias entre nadie.

Puedes formar parte del proceso de morir de alguien que tiene un sistema de creencias completamente distinto del tuyo. Hay que respetar y tener en cuenta las creencias del que va a morir, aunque haya cosas que nos parezcan mitología cultural o supersticiones. Después de la muerte de uno de mis amigos irlandeses, abrí la ventana, porque algunos irlandeses creen que el espíritu sale por la ventana. Yo no lo creía, pero él sí, así que lo tuve en cuenta; porque, como era su creencia, quizá también fuera su experiencia.

Las diferentes culturas afrontan la muerte de distintas maneras. Una amiga me estaba diciendo que nunca lloraría delante de un ser querido que se estuviera muriendo. Procedía de una familia que creía que había que "mantener el tipo" y que pensaba que llorar entristecería al paciente. Algunas culturas eligen proteger al paciente ocultándole que está terminalmente enfermo y cerca de la muerte. Hay que respetar las distintas maneras en las que las personas afrontan situaciones tan graves como la muerte o una enfermedad fatal sin imponerles nuestro sistema de creencias.

Puedes entrar en una habitación en la que haya personas emocionalmente expresivas que están llorando y dándose golpes en el pecho o puedes entrar en una habitación con personas que ni se tocan, ni hablan, ni lloran; quizá ni siquiera estén sentadas cerca de la persona que va a morir. Recuerda que las normas y las prácticas de una cultura no son mejores ni peores que las de otra. Es importante respetar el comportamiento y las tradiciones culturales de todos.

Este es un diálogo que mantuve con una mujer que era ortodoxa griega, una religión de la que yo apenas sabía nada. Zoi nació en Grecia e inmigró a los Estados Unidos. Antes me había hablado extensamente de su religión, su cultura, su comida y las fiestas, que eran una parte importante de su vida.

Diálogo número 6: diferencias culturales y religiosas

Paciente: Tengo malas noticias. Los médicos me han encontrado nueve tumores en el cerebro.

Visitante: *[La visitante estira el brazo, le toca la pierna y la mira con simpatía a los ojos].* Lo siento muchísimo, Zoi. ¿Qué es lo que sientes?

Paciente: Creo que me quedé horrorizada. El médico dijo que me darían radiación; pero antes voy a ir a casa para hablarlo con mi familia.

Visitante: ¿Cómo va a ser eso para ti?

Paciente: Estoy realmente preocupada. El pulmón y el hígado, bueno; pero esto del cerebro… Estoy realmente preocupada. No tengo miedo a morir. Todos tenemos que morir; pero mi hijo…. Está tan unido a mí. Intento decirle: "Escucha, si me pasa algo…".

Pero él dice: "No, mamá, no hables así", y se va de la habitación.

Visitante: Parece que te dejan sola para afrontar todos tus sentimientos.

Paciente: Está muy apegado a mí… demasiado unido. Demasiado unido. No sé qué voy a hacer. *[Está tan centrada en él que no puede ni siquiera responder al comentario de que no está recibiendo ningún apoyo].*

Visitante: ¿Decírselo a tu hijo es ahora mismo para ti la parte más difícil de esta enfermedad?

Paciente: Sí, así es. Va a venir a visitarme más tarde. Simplemente no entiendo por qué me está pasando esto a mí. Soy una buena persona. Puedes preguntarle a cualquiera. ¿Me puedes decir por qué me está pasando esto a mí?

Visitante: No, no puedo decírtelo. No lo sé. Solo Dios lo sabe. Creo que es uno de los misterios de la vida. ¿Puedes hablarme de tu relación con Dios?

Paciente: La última noche no fue muy buena. Le dije a Dios: "Lo siento, pero he perdido la fe".

Visitante: Bueno, si estabas hablando con Dios, no podías haber perdido completamente la fe.

Paciente: *[Se ríe]* Supongo que tienes razón. Pero estoy enfadadísima.

Visitante: Está bien. Puedes estar enfadada.

Paciente: Es solo que no entiendo por qué. *[Con gran intensidad y elevando la voz]* ¿Por qué? ¿Por qué está pasando esto?

Visitante: *[La visitante le toca la pierna y la mira con amor]* Debe de ser una época muy dura y confusa para ti, Zoi.

Esta conversación es bastante típica cuando alguien recibe por primera vez un pronóstico muy negativo. En ella se plantean muchos temas: su fe, la pregunta siempre presente de "¿por qué?" y su hijo, que no puede soportar la idea de perder a su madre. Aunque como cuidadores pudiéramos no compartir el mismo sistema de creencias o venir de culturas diferentes, podemos quedarnos y escuchar los asuntos que le van surgiendo al paciente durante la visita.

Niños

Si el paciente tiene hijos, es importante incluirlos. Es importante hablar con ellos de lo que puedan estar experimentando y también compartir lo que nosotros estemos experimentando.

En general, los niños de cinco a diez años no tienen el vocabulario o la capacidad necesarios para expresar plenamente sus sentimientos. Necesitan, aún más que los adultos, un entorno seguro y en el que reciban apoyo en el que poder expresarse. Los niños también necesitan un cierre. Lo que un niño se imagina suele ser mucho peor de lo que realmente le está pasando a la persona que se está muriendo.

En algunos países como Estados Unidos, ha surgido toda una nueva industria en la mayor parte de los centros médicos más importantes llamada Servicios para la Vida Infantil. Es un complemento que viene muy bien en cualquier instalación médica. Las personas que trabajan allí están formadas para hablar con los niños según su desarrollo, edad y capacidad intelectual.

Si estás en una situación en la que hay niños, pregunta por ese servicio. Si el hospital que estás visitando es pequeño o no tiene un departamento de esa clase, llama a un centro médico mayor que esté cerca y cuéntales tu situación.

Una amiga mía compartió esta historia:

"Cuando trabajaba de capellana, una noche me llamaron con un "código azul" y, cuando llegué a la habitación, ya había mucha gente con el hombre

164

cuyo corazón se había parado. Su esposa estaba fuera, junto a la puerta, mirando hacia adentro con gran ansiedad mientras protegía a su hija de seis años de ver lo que estaba pasando. Sin embargo, la niña podía oírlo y sentía la energía y el estrés intensificados del ambiente.

"Cuando la enfermera me vio, me llamó inmediatamente y le dijo a la mujer:

"—Esta es la capellana.

"—¿Quiere estar dentro con su marido? —le pregunté.

"—Sí —dijo—, pero mi hija...

"Me arrodillé y le pregunté a la niñita:

"—Si tu mamá entra a ayudar a papá, ¿quieres quedarte aquí conmigo?

"Con los ojos muy abiertos y asustados, asintió con la cabeza. Abrí los brazos y corrió hacia ellos. La tomé en brazos y me fui con ella por el pasillo. Primero le pregunté cómo se llamaba y le dije mi nombre. Después le dije:

"—Oye, esto debe de darte mucho miedo.

"—Sí —dijo.

"Estaba asintiendo enérgicamente con la cabeza muy aliviada de que alguien reconociera sus sentimientos. Proseguí:

"—Si fuera tú, también estaría asustada.

"Seguimos hablando hasta que me dijeron que habían resucitado con éxito a su padre y podíamos llevarla a la habitación para que lo viera.

"Durante nuestra conversación, solo le hice preguntas para que se abriera y pudiera expresar sus sentimientos sobre la hospitalización de su padre y lo que

166

sentía en ese momento. Aunque no entiendan completamente lo que está pasando, los niños pueden captar la intensa energía que se produce en esas situaciones. De algún modo, cuando abrí los brazos y ella optó por confiar en mí, se creó un refugio seguro. Hay que crear ese refugio seguro una y otra vez para los niños para que puedan soltar su sufrimiento, temor y dolor".

Cuidar al cuidador

A veces quien necesita nuestro cuidado y atención no es el paciente que va a morir sino el cuidador principal. A menudo los cuidadores tienen miedo de separarse de la cama de su cónyuge o su padre y pueden llegar a estar completamente agotados. También es muy importante servir al cuidador. Puedes ofrecerle una taza de té, agua o comida o proponerle quedarte con el paciente mientras se toma un descanso.

Si vemos que tenemos que ser el cuidador principal y parece que lo vamos a ser durante un largo período —un mes, tres meses, seis meses o un año— tenemos que pensar en lo que vamos a necesitar para poder ir a estar allí todos los días.

Esta clase de servicio puede ser cansador tanto emocional como físicamente. Después de una sola hora con un paciente podemos sentirnos como si acabáramos de bajarnos de una montaña rusa. Podemos haber estado riéndonos, llorando y ayudándole a revisar sus complicadas y constantemente cambiantes emociones. En un momento dado puede querer morirse y al siguiente expresar lo difícil que es desprenderse de las personas de su vida.

Toda esa diversidad de emociones puede darse en una sola visita, por lo que es bueno estar preparado: ¿Qué te ayuda a afrontar el estrés? ¿A quién puedes llamar cuando necesites un descanso? Es muy difícil estar presente y tomar buenas decisiones cuando estamos agotados, estresados y con exceso de cafeína.

La importancia del humor

"La risa es buena para el corazón... La seriedad es una enfermedad y debemos intentar dejarla y permitirnos reír más. La risa es buena para la salud. Reírse... desde el corazón es la mejor forma de abrirse".

—Amma

Cuando mi padre estaba hospitalizado con cáncer de pulmón, un sacerdote vino a administrarle la unción de enfermos. Ese día había unas veinte personas visitándolo. Todos estábamos reunidos alrededor de la cama y el ambiente era muy solemne. La gente lloraba.

El sacerdote le ungió y, cuando terminó, mi padre abrió los ojos, le hizo un guiño al sacerdote y le dijo:

—¡Buen trabajo, Padre!

Todos nos pusimos a reír tontamente. Su humor se abrió camino entre toda la tensión que había en la habitación. ¡Ahora llorábamos de la risa! Fue un gran regalo muy bonito de mi padre para todos y algo típico de él: hacernos reír.

No estoy diciendo que sea adecuado alejarnos de nuestras emociones contando chistes. Muchas personas que visitan a enfermos se sienten incómodas con los sentimientos que están experimentando y bromean por nerviosismo para superar la tensión. No es una buena idea. Podemos reírnos de sus chistes; pero no hay que ser sarcástico solo como mecanismo de defensa para nosotros.

Si la risa ayuda a soltar la tensión de manera saludable, podemos proponer ver una película divertida o leer en voz alta un libro de humor del cómico favorito del paciente. Una buena regla general respecto al humor es: sé bondadoso, sé delicado y sé habilidoso.

Consolar al que ha
perdido a alguien

A veces seremos útiles consolando a los seres queridos que se quedan. Si alguien ha muerto de repente, en una operación o en un accidente, o incluso inesperadamente durante un larga enfermedad terminal, es mejor ser una presencia más bien silenciosa mientras se consuela al amigo o al cónyuge que sufre. Una vez leí la historia de un hombre que había perdido a su hijo. Cuando le preguntaron qué necesitaba, contestó que solo quería que alguien se sentara a su lado en el banco. A veces no hay que decir nada.

Visité a una pareja que acababa de perder a su hijo de dos semanas. Le había dado fiebre y se había ido en veinticuatro horas. Estaban en estado de shock. La madre no dejaba de decirme: "Tengo que llevármelo a casa". Su pena era enorme. Estuve con ellos dos horas y no creo que dijera más que unas pocas palabras en todo el tiempo. No podía decirse nada que aliviara su inmenso dolor. Los abracé y les di agua. ¿Qué puede decirse en una situación como esa?

La muerte no existe

A veces, cuando le dicen a alguien que no le queda mucho tiempo de vida a causa de una enfermedad, puede producirse una transformación: en ese momento el paciente puede ser capaz de dejar de creer en la ilusión de la promesa de un futuro mejor. Cuando llega el sentimiento de que "estoy al final del camino" y no hay ningún otro lugar al que ir, es posible un cambio de conciencia o una tremenda apertura del corazón.

Estuve con mi amiga Sara un año, el último año de su vida. Tenía cuarenta años y le habían diagnosticado una leucemia. Pasamos mucho tiempo juntas en los altibajos de sus distintos tratamientos. Incluso estuve con ella en dos trasplantes de médula. Hablamos muy profundamente de temas espirituales aunque se definía como "atea con carnet".

Sara tenía una presencia muy poderosa. Los demás pacientes de la planta siempre iban a verla buscando consuelo o conversación. Cada vez que su médico le daba malas noticias, decía:

—Bueno, veamos que hay al doblar la siguiente esquina.

A menudo meditábamos juntas. A veces escuchaba un CD sobre el tratamiento del cáncer con visualizaciones, y yo le masajeaba los pies.

Un día, como un mes antes de su muerte, después de escuchar el CD, se echó a llorar. Pensé: "Oh, bien, por fin está aceptando su mortalidad".

Hasta entonces, me había resultado difícil abrirme paso a través de su increíblemente positivo punto de vista y hablar del hecho de que probablemente no saliera de esta.

Me acerqué a ella y le pregunté si sabía de dónde venían sus lágrimas. Al cabo de un rato sonrió y dijo:

—Estoy llenísima de vida. Ya no hay más barreras entre tú y yo, o entre yo y nadie o nada más. Solo siento amor por todo. Lloro porque quiero que todos sientan esto y no pueden.

Estuvo sollozando un largo rato, no por autocompasión o temor a la muerte, sino por amor y gratitud. Estaba teniendo una verdadera experiencia espiritual.

En el momento de su muerte, su marido le preguntó si quería más morfina. Ella dudó y él le dijo:

—Ya sabes, no tienes por qué seguir con esto.

Ella sonrió y dijo:

—De acuerdo.

Murió diez minutos después, sentada, sonriendo, mirando por un enorme ventanal.

Morir puede ser una celebración de la vida. Una vez estaba visitando a una familia portuguesa. La esposa acaba de dar a luz. Dos días antes del alumbramiento supo que su hijo no viviría mucho. Allí estaban el marido, los padres y un sacerdote católico que era amigo mío. En cuanto las enfermeras trajeron al bebé todos los miembros de la familia empezaron a aplaudir y vitorear, me pusieron una cámara en las manos y me dijeron:

—Haz fotos.

Todos se turnaron para tenerlo en brazos y le hablaban en inglés y en portugués.

—Te queremos muchísimo.

—Eres perfecto. Eres precioso…

El sacerdote y yo nos turnábamos haciendo fotos y nos enjugábamos las lágrimas de los ojos.

Al cabo de unos veinte minutos, estaba sentada al lado de la madre, que tenía al bebé en brazos. Simplemente se volvió hacia mí y me dijo:

—Está frío. Se está poniendo azul.

Y murió en sus brazos.

Para mí fue una enorme bendición formar parte de esa vida bella y plena que duró veinte minutos. Esas personas amaron a ese bebé durante cada uno de los veinte minutos de su vida más profundamente y cariñosamente de lo que algunas personas experimentan en toda su infancia. Me dieron una lección preciosa. Fue una experiencia increíblemente conmovedora para mi amigo y para mí. Nunca habíamos presenciado nada parecido.

Muchos profetas y sabios nos han dicho repetidamente y de distintas formas que eso que llamamos la muerte no existe. He oído describir la muerte como salir de una habitación para entrar en otra o quitarse un abrigo viejo que ya no se necesita. Amma dice a menudo: "La muerte es como el punto al final de la frase. Hay una pequeña pausa y después empezamos a escribir de nuevo".

Una amiga mía se enteró de que Arthur, uno de los mejores amigos de su madre, se estaba muriendo de un tumor cerebral. Los médicos le habían dicho que le quedaban entre seis meses y un año de vida. Unos dos meses después, mi amiga tuvo un sueño. En el sueño se le aparecía Arthur. Parecía ligeramente más joven y no llevaba sus gafas habituales. Emanaba una gran sensación de paz. Dijo:

—Dile a tu madre que me he muerto, pero que no estoy muerto.

A la mañana siguiente llamó por teléfono a su madre, que le dijo que Arthur había muerto durante la noche.

La muerte es una parte intrínseca de la vida. No hay que dejar que nos destroce. Al contrario: podemos aprender de ella. Durante mi tiempo de capellana, observé que las personas con fe o comprensión espiritual se beneficiaban inmensamente de la estabilidad y la tranquilidad que les proporcionaba. Volviendo a casa en tren al final de cada día, después de haber visto tanto sufrimiento, a menudo me invadía la gratitud por la presencia de Amma en mi vida. Es una bendición muy grande tener el amor y la compasión de Amma para sostenernos y calmarnos cuando nos enfrentamos a los desafíos de la vida. Que inspirándonos en el ejemplo de Amma crezcamos en servicio y crezcamos en compasión.

Palabras de Amma
sobre la muerte

"Hijos, ¿quién puede escapar de la muerte? Cuando naces, la muerte también viene contigo. En cada momento de tu vida, te estás acercando a la muerte. La gente no es consciente de ello. Está tan enredada en los placeres del mundo que se olvida completamente de esto. No hay ningún momento en el que la muerte no exista. De hecho, siempre estamos en las fauces de la muerte. Los sabios son conscientes de la inevitabilidad de la muerte e intentan trascenderla.

"Mientas vive 'en la vida', una persona sabia adquiere la fuerza mental y espiritual necesaria para vivir también 'en la muerte' o para vivir en la eternidad que hay más allá de la muerte. Muere a su ego. Cuando se muere al ego, ya no hay persona y, por eso, no hay nadie que pueda morir. Esas personas están tan llenas de vida que no conocen la muerte. Como han trascendido la muerte, solo conocen la vida, la vida que late siempre en todas partes. Se convierten en la misma esencia de la vida. La muerte es un fenómeno desconocido; para ellos no existe. La muerte que conocemos —el perecer del cuerpo— puede pasarles; pero para ellos esa muerte solo es un cambio. No temen la muerte del cuerpo. Pero en la vida y a través de la muerte permanecen como la esencia de la vida que adoptará otra forma si así lo desean.

"Las olas no son más que agua. Cuando una sube y baja, la misma agua del mar adopta la forma de otra ola en otro lugar.

183

Sea cual sea la forma que adopten, no son más que agua del mar. Del mismo modo, el cuerpo de un alma perfecta también puede morir como el cuerpo de un ser humano corriente. La diferencia es que, mientras el ser humano mortal se considera a sí mismo una entidad separada —una parte, distinta de la Conciencia Suprema como una única ola aislada del mar—, un alma perfecta es plenamente consciente de su unidad con lo Absoluto. Sabe que no es una ola aislada sino el propio mar, aunque haya adoptado una forma humana. Por eso no tiene ningún miedo a la muerte. Sabe que esta es un fenómeno natural, un mero cambio. Sabe muy claramente que, igual que una ola sube, baja y sube de nuevo con otra forma y en otro lugar, también el cuerpo debe pasar por el nacimiento, la muerte y de nuevo el nacimiento. Los *mahatmas* saben que son el mar, no la ola. Son el *Atman* [el Ser], no el cuerpo. Pero una persona corriente cree que ella es el cuerpo, una ola aislada, y que cuando el cuerpo muera estará acabado para siempre. Eso le llena de miedo porque no quiere morir. Por eso sufre cuando piensa en la muerte. Quiere huir de la muerte"[5].

"El nacimiento y la muerte solo son relativos. No son reales desde el punto de vista supremo. Como cualquier experiencia de la vida, son dos acontecimientos por los que una persona está obligada a pasar... Por su intensidad, la naturaleza ha ideado un método por el cual el hombre se olvida completamente de esos dos importantes momentos de la vida. Es difícil que una persona corriente permanezca consciente durante su propio nacimiento y

---

[5] Swami Amritaswarupananda. *Despertad, Hijos IV*. Kerala, India: Mata Amritanandamayi Mission Trust, 1992, 270-271.

su propia muerte. El nacimiento y la muerte son dos etapas de la vida en las que se está completamente indefenso. Mientras está en el útero y mientras sale del útero, el bebé está indefenso. Lo mismo sucede con alguien que se está muriendo. En ambas experiencias el ego se ha retirado tanto al fondo que es impotente. Hijos, no sois conscientes de lo que sucede durante la muerte o después de ella. Tenéis que ser intrépidos y plenamente conscientes para estar abiertos a la experiencia. Si tenéis miedo, estaréis cerrados a la experiencia. Solo los que tienen suficiente profundidad, son intrépidos y están constantemente en un estado de conciencia, en un estado de plena vigilia, son capaces de experimentar conscientemente la dicha de la muerte.

"Por supuesto, si se tiene la capacidad de permanecer consciente y alerta mientras se pasa por la experiencia de la muerte, se vuelve una experiencia corriente, como cualquier otra experiencia. Entonces el nacimiento y la muerte no preocupan; simplemente se sonríe en ambas ocasiones. La muerte ya no resulta una experiencia extraña. Sin embargo, esto solo es posible si se es uno con el Verdadero Ser.

"Al comprender que no eres el cuerpo, sino la Conciencia Suprema, el centro entero de tu existencia se traslada al Ser. Despertarás y te darás cuenta de que estabas dormido y de que el sueño que es este mundo y todas las experiencias relacionadas con él solo son un juego. Te reirás mientras contemplas ese exquisito juego de la conciencia"[6].

---

[6] Swami Amritaswarupananda, *Despertad, Hijos VIII*, 164-165.

Aplicación práctica

"Consolar a un alma que sufre, enjugar las lágrimas de una persona que llora, es más que cualquier logro mundano".

—Amma

Te invito a que escribas un diario mientras pasas por este proceso. Estas son algunas preguntas que pueden ayudarte en el camino. No hay respuestas acertadas y erróneas; el objetivo de estos ejercicios es ayudarnos a ser más conscientes.

1. Escribe todo lo que puedas recordar de la visita.

2. Al final de la visita, ¿cómo te sentías? Consulta la "lista de palabras de sentimiento" de la página siguiente.

3. Al recordar la visita ahora, ¿sientes alguna emoción nueva o diferente?

4. ¿Qué sentimientos oíste expresar al paciente? Consulta "la lista de palabras de sentimiento" de la siguiente página.

5. ¿Qué le expresaba tu comunicación no verbal al paciente?

6. ¿Entró alguien en la habitación durante la visita? ¿Cómo modificó esto el tono de la visita?

7. ¿Expresó el paciente alguna necesidad? Si es así, ¿pudiste satisfacer alguna de esas necesidades?

8. ¿Te sentiste incómodo en algún momento? ¿Sabes qué causó esos sentimientos?

9. ¿Te sentías preparado cuando ibas a la visita (es decir, centrado, tranquilo)? Si no fue así, ¿qué podrías hacer la próxima vez para prepararte mejor?

10. ¿Crees que te conectaste emocionalmente con el paciente? Si no es así, ¿por qué?

11. ¿Qué harás de otra manera en tu próxima visita?

12. ¿Tenías un "orden del día" antes de entrar?

13. ¿Has aprendido algo sobre ti mismo en esta experiencia?

Lista de palabras que indican sentimientos

abandonado
abrumado
acongojado
agobiado
agotado
agradecido
agredido
ahogado de emoción
aislado
alicaído
anónimo
anormal
apático
apegado
apesadumbrado
aprisionado
asqueado

astuto
asustado
atontado
atribulado
aturdido
aturullado
autocompasivo
avergonzado
cambiado
cansado de luchar
caótico
capaz
capturado
cascarrabias
castrado
coaccionado
combativo

complicado

condenado

confuso

con mal genio

con pánico

constreñido

culpable

culpado

cuidadoso

debilitado

decidido

decepcionado

defensivo

demente

dependiente

deprimido

derrotado

desalentado

desanimado

desconcertado

desconectado

desconsolado

descontento

descuidado

desesperado

destrozado

diferente

difícil

dolido

dominado

egoísta

emocional

encajonado

endurecido

enfadado

enfurecido

engañado

engatusado

enjaulado

enloquecido

enojado

en peligro

en riesgo

envidioso

escandalizado

espantoso

estimulado

estresado

excluido

expectante

explosivo

expulsado

frustrado

fuera de control

furioso

herido

horrible

humillado

ignorado

impotente

incapacitado

incapaz

incómodo

incomprendido

indeciso

indefenso

indignado

indolente

infantil

inquieto

insensible

invisible

loco

machacado

malcriado

malhumorado

malo

maltratado

maniático

mimado

negativo

nervioso

neurótico

obligado

odioso

olvidado

optimista

paralizado

pesaroso

positivo

preocupado

problemático

que da pena

quisquilloso

rechazado

refunfuñón

retorcido

sensible

sereno

solo

temeroso

tenso

tratado cruelmente

tratado con condescendencia

traumatizado

triste

Guía de pronunciación

Las palabras indias que aparecen en cursiva en el libro están en la transcripción original inglesa. En esta guía indicamos cómo se pronuncian aproximadamente en español, así como el género de los sustantivos en nuestra lengua (femenino / masculino = f / m) y en algunos casos el número plural (= pl). En cada país o región hispanohablante la pronunciación del español es diferente. Aquí adoptamos la pronunciación castellana.

Hay que pronunciar las letras de la transcripción española como si fuera una palabra española, con las siguientes excepciones:
- La letra "sh" suena como en inglés ("shock").
- La letra "j", como en inglés ("John").
- La letra "h" siempre aspirada, como en inglés ("house"), nunca muda como en español.

- La letra "r" siempre suave, como en "cara", no fuerte, como en "rosa", aunque vaya a principio de palabra.

Cuando la palabra se pronuncie en español igual que se escribe en inglés, ponemos "íd.", para abreviar.

Amritapuri: Ámritapuri (f)

Amritapuri Ashram: Ámritapuri Áshram (m)

Atman: íd. (m)

brahmacharini: brahmachárini (f)

darshan: íd. (m)

dharma: íd. (m)

guru: íd. (m)

karma: íd. (m)

mahatma: íd. (m)

sadhana: sádhana (f)

Sarayu: Sárayu (f)

Sri Mata Amritanandamayi Devi:
   Shri Mata Amritánandamayi Devi (f)

Swamini Krishnamrita Prana:
   Suámini Krishnámrita Prana (f)

Este libro es el resultado de una colaboración de tres años que ha sido posible gracias al talento y los conocimientos de las siguientes personas: Swamini Krishnamrita Prana, Swami Paramatmananda Puri, Mira, Vineeta, Sachin, Divya, Neeraja, Priyan, Deva Priya, Upasana, Rasya, Haran, Praveena, Kripa Prana, Amala, Kripa, Shubha, Anupama, Hari Sudha, Ramani, Devika, Rajita, Amarthya, Agama, Adam, Atulya, Anavadya, Tarini Ma, Ram Das, Vinaya, Sivani, Chaitanya, Vedavati, Annari y Rod. Me gustaría expresar mi agradecimiento a cada uno de los pacientes y familiares que he tenido el privilegio de conocer. Gracias por ser mis maestros.

Todos los beneficios de
Estar con quien va a morir
irán a los proyectos benéficos
de Abrazando al Mundo.
Para más información,
por favor, diríjase a
embracingtheworld.org

www.ingramcontent.com/pod-product-compliance
Lightning Source LLC
LaVergne TN
LVHW020354090426
835511LV00041B/3040